Jonas Rau

Globalisierung in Wirtschaft und Politik

Klassen 10–13

AF723033

Cornelsen

Autor dieses Bandes

Jonas Rau ist Abteilungsleiter und Lehrer für die Fächer Deutsch, Gemeinschaftskunde und Wirtschaft an einem baden-württembergischen Gymnasium. Er ist Co-Autor und Mitherausgeber zahlreicher Lehrwerke für Politik, Sozialkunde und Gemeinschaftskunde.

Projektleitung: Verena Baldus, Berlin
Redaktion: Michael Venhoff, Xanten
Umschlagkonzeption/-gestaltung: Corinna Babylon, Berlin
Umschlagfoto: stock.adobe.com/AkuAku
Layout: kraus-verlagsservice, Ederheim/Hürnheim
Technische Umsetzung: Compuscript Ireland and Chennai

www.cornelsen.de

1. Auflage, 1. Druck 2024

Druck: H. Heenemann, Berlin

ISBN 978-3-589-16953-5

Inhalt gedruckt auf säurefreiem Papier aus nachhaltiger Forstwirtschaft.

Inhalt

3 Akteure der Globalisierung (II) – internationale und regionale Organisationen

4 (Handels-)Kriege, Energiekrise, Pandemie ... – Globalisierung in der Polykrise

5 Globale Problemfelder – (wie) lässt sich Globalisierung nachhaltig gestalten?

6 Globalisierung – Bilanz und Zukunft

Einführung

Der in sechs Kapitel gegliederte Band bietet sich sowohl für einen sukzessiven als auch für einen punktuell ergänzenden Einsatz an: Mit den vielfältigen Kopiervorlagen kann quasi fortlaufend eine gesamte Unterrichtseinheit gestaltet werden, zugleich können einzelne Kopiervorlagen, insbesondere jene zu spezielleren und aktuellen Themen, problemlos in die eigene Konzeption integriert werden.

Im **ersten Kapitel** nähern sich die Schülerinnen und Schüler dem Begriff, den Dimensionen und den Ursachen der Globalisierung an. Dies schließt die Beschäftigung mit theoretischen Erklärungsansätzen der internationalen Arbeitsteilung und der Kontroverse um „Freihandel vs. Protektionismus" ein. Damit wird eine solide Grundlage für die folgenden Kapitel geschaffen, auf die im Verlauf wiederholt rekurriert wird.

Das **zweite Kapitel** nimmt zentrale Akteure, die den Globalisierungsprozess tragen und gestalten, in den Blick: Unternehmen und Staaten. Bei aller politischen Gestaltung sind es letztlich vor allem (multinationale) Unternehmen, die durch Nutzung von globalen Standortvorteilen die wirtschaftliche Globalisierung vorantreiben. Daneben setzen sich die Schülerinnen und Schüler mit der Stellung verschiedener Ländergruppen – Entwicklungs-, Schwellen- und Industrieländer – in der Globalisierung auseinander.

Weitere prägende Akteure des Globalisierungsprozesses werden im **dritten Kapitel** fokussiert: internationale und regionale Organisationen. Hier regt der Band exemplarisch zur kritischen Auseinandersetzung mit internationalen Organisationen wie WTO, IWF und Weltbank sowie mit Modellen der regionalen Integration an.

(Handels-)Kriege, Energiekrise, Pandemie – wie behauptet sich die Globalisierung in der Polykrise? Dieser Frage widmet sich das **vierte Kapitel**. Neben den Folgen der chinesischen Coronapolitik für die globalen Lieferketten werden die Auswirkungen des Ukrainekrieges auf die Nahrungsmittelversorgung in Afrika beleuchtet, ebenso mögliche Folgen der europäischen Energiekrise für Afrika. In der Auseinandersetzung mit dem „Chip-Krieg" USA vs. China sowie mit der China-Strategie der Bundesregierung leuchtet wieder die grundlegende Kontroverse um Freihandel vs. Protektionismus auf.

Mangelnde Nachhaltigkeit ist ein Hauptvorwurf an die Globalisierung. (Wie) Lässt sich diese nachhaltig gestalten? Mit instruktiven Beispielen liefert das **fünfte Kapitel** multiperspektivische Impulse zur Urteilsbildung der Schülerinnen und Schüler. Welchen Beitrag leisten globale Initiativen wie die Sustainable Development Goals für eine nachhaltige Entwicklung, welchen Beitrag der UN Global Compact, die ILO-Normen oder das Lieferkettengesetz zu einer Verbesserung der sozialen und ökologischen Nachhaltigkeit? Lässt sich die Erderwärmung durch internationale Kooperation begrenzen, kann Digitalisierung fair gestaltet werden, wirkt die globale Mindeststeuer?

Im **sechsten** und letzten **Kapitel** geht es darum, Bilanz zu ziehen und einen Ausblick zu wagen: Wer sind die (Haupt-)Profiteure der Globalisierung, (wie stark) steckt sie in der Krise, stehen wir am Beginn einer De- oder Re-Globalisierung?

Ich hoffe, dass die Kopiervorlagen in diesem Band einen Beitrag zu einer kritischen Urteilsbildung Ihrer Schülerinnen und Schüler leisten – und wünsche Ihnen und ihnen abwechslungs- und erkenntnisreiche Unterrichtsstunden.

Jonas Rau

1 | Globalisierung – Begriff, Dimensionen, Ursachen

ZUM THEMA

Globalisierung bezeichnet einen Prozess der zunehmenden ökonomischen, politischen, gesellschaftlichen und auch kulturellen Vernetzung und Verflechtung. Über den Beginn der Globalisierung gibt es unterschiedliche Auffassungen – Konsens besteht jedoch darüber, dass mit dem Ende des Kalten Krieges und dem damit verbundenen Ende der globalen Teilung in West und Ost die internationale Vernetzung einen gewaltigen Schub erfahren hat. Nach dem Zerfall der Sowjetunion öffneten sich Russland und die anderen Staaten des Warschauer Paktes, China sowie weitere Länder; es entstanden riesige neue Märkte und ein deutlich intensivierter Austausch von Waren, Dienstleistungen und Kapital. Klar erkennbar wird der wachsende Weltmarkt an entsprechenden Grafiken zur Entwicklung des grenzüberschreitenden Handels und ausländischer Direktinvestitionen. Die Analyse der globalen Handelsströme zeigt jedoch auch, dass sich der Großteil des Handels in und zwischen den Ländern der so genannten Triade – Nordamerika, Europa, Asien – abspielt. Die Ursachen des Globalisierungsprozesses lassen sich differenzieren nach politischen, wirtschaftlichen, technologischen und gesellschaftlichen Triebkräften. Bereits früh versuchten (National-)Ökonomen den Außenhandel theoretisch zu erklären: Klassische Ansätze finden sich beispielsweise bei Adam Smith (18. Jh.) oder David Ricardos Theorie der komparativen Kostenvorteile (18./19. Jh.); neuere Erklärungsansätze (20. Jh.), z. B. die Faktorproportionentheorie, die Produktlebenszyklus-Theorie oder die Theorie vom intra-industriellen Handel, versuchen die Eindimensionalität der älteren Theorien zu überwinden. Sie leisten ihren je eigenen Beitrag zur Erklärung der internationalen Arbeitsteilung, ohne welche ein Wirtschaften im 21. Jahrhundert nicht mehr möglich erscheint – zu sehr scheinen die offenkundigen Vorteile die ebenfalls nicht zu vernachlässigenden Nachteile (z B. Abhängigkeiten, Defizite bei der sozialen und ökologischen Nachhaltigkeit) zu überwiegen. Auch eine mathematisierte Darstellung von Freihandel und Protektionismus im Preis-Mengen-Diagramm „beweist" die Überlegenheit des Freihandels, geht der Protektionismus doch mit Wohlfahrtsverlusten einher. Trotzdem ist die alte Kontroverse „Freihandel vs. Protektionismus" von unveränderter Aktualität, nicht zuletzt vor dem Hintergrund aktueller Entwicklungen (vgl. bspw. protektionistische Tendenzen wie „Handelskriege" etc.).

DIDAKTISCHE HINWEISE

Die **KV 1** nähert sich dem schillernden Begriff der Globalisierung mit einem persönlichen Zugang: Die Schülerinnen und Schüler äußern spontan, was Globalisierung für sie bedeutet (M 1). Darauf aufbauend erläutern sie eine Definition von Globalisierung (M 2) und erklären, wie verschiedene Ursachen der Globalisierung zu einem verstärkten globalen Wettbewerb führen (M 3). Anschließend überprüfen sie ihre Anfangsvorstellungen von Globalisierung und überlegen, welche Folgen eine Welt ohne Globalisierung hätte.

Anhand der doppelseitig konzipierten **KV 2** analysieren die Schülerinnen und Schüler den wachsenden Weltmarkt. Die Grafiken M 1 und M 2 veranschaulichen markant den Anstieg der ADIs sowie des globalen Warenaustausches nach 1990 (Phase der „Hyperglobalisierung"); M 3 sensibilisiert die Schülerinnen und Schüler dafür, dass der Großteil des globalen Handels zwischen und in der Triade stattfindet. Zum Abschluss ergänzen sie die fehlenden Angaben zu den

Phasen der Globalisierung (M 4) und diskutieren die Frage, ob es Globalisierung nicht eigentlich schon immer gegeben habe.

Die ebenfalls doppelseitig angelegte **KV 3** informiert die Schülerinnen und Schüler über zwei klassische und drei neuere Außenhandelstheorien. Die mitunter etwas abstrakt wirkenden Ansätze sollen sie zur Erklärung unterschiedlicher Phänomene der internationalen Arbeitsteilung heranziehen.

Die mithilfe von KV 3 erworbenen Kenntnisse bilden die Basis zur Begründung der internationalen Arbeitsteilung am Beispiel der Medikamentenherstellung, welcher sich die **KV 4** widmet. Das Beispiel der Pharmaindustrie wurde gerade mit Blick auf die zurückliegende Coronakrise gewählt, in der sich die Problematik einseitiger Abhängigkeiten bei existenziell wichtigen Gütern evident zeigte. Ausgehend vom Interview in M 1 sollen die Schülerinnen und Schüler mögliche Vor-und Nachteile dieser internationalen Arbeitsteilung erörtern.

Den Vor- und Nachteilen von Freihandel bzw. Protektionismus widmen sich auch die folgenden beiden Kopiervorlagen. Zur Vorbereitung der **KV 5** sollten die elementaren Grundlagen zum Verständnis von Preis-Mengen-Diagrammen (PMD) wiederholt werden, um die für viele Schülerinnen und Schüler erfahrungsgemäß abstrakt wirkende Darstellung von Angebot und Nachfrage vorzuentlasten. Zur Entlastung sind die PMDs zudem bereits vollständig abgebildet und beschriftet, wobei klassischerweise die unterschiedlichen Marktsituationen – Autarkie, Freihandel, Protektionismus – betrachtet werden. Die Aufgabe der Schülerinnen und Schüler besteht nun darin, die jeweiligen Marktsituationen zu erfassen und dies durch Ausfüllen der entsprechenden Lücken zu dokumentieren. Der Lückentext bietet hierbei eine zusätzliche Vereinfachung der komplexen Thematik. Im Ergebnis erkennen die Schülerinnen und Schüler die Netto-Wohlfahrtseinbuße durch Protektionismus, was den Freihandel als überlegen erscheinen lässt.

Die **KV 6** rundet die Auseinandersetzung mit der Kontroverse „Freihandel vs. Protektionismus“ ab: M 1 lässt die Schülerinnen und Schüler einen präziseren Blick auf protektionistische Mittel werfen, indem zwischen tarifären und nicht-tarifären Handelshemmnissen differenziert wird. Mögliche Auswirkungen von Handelshemmnissen auf in- und ausländische Akteure (Unternehmen, Verbraucher, Staaten) sollen die Schülerinnen und Schüler erläutern. Abschließend ordnen sie Argumente für Freihandel bzw. Protektionismus und erörtern die – alte und aktuelle (!) – Kontroverse.

Globalisierung – was ist das eigentlich?

M 1 Globalisierung bedeutet für mich ...

- ○ ______________________________
- ○ ______________________________
- ○ ______________________________
- ○ ______________________________

M 2 Globalisierung – eine Definition

Als Globalisierung wird ein Prozess der zunehmenden ökonomischen, politischen, gesellschaftlichen und auch kulturellen Vernetzung und Verflechtung bezeichnet. Über den Beginn der Globalisierung gibt es unterschiedliche Auffassungen. Als Konsens gilt jedoch, dass mit dem Ende des Kalten Krieges 1989/90 und dem damit verbundenen Ende der globalen Teilung in West und Ost die internationale Vernetzung einen gewaltigen Schub erfahren hat. Nach dem Zerfall der Sowjetunion öffneten sich Russland und die anderen Staaten des Warschauer Paktes, China sowie weitere Staaten – es entstanden riesige neue Märkte und ein intensivierter Austausch von Waren und Dienstleistungen.

M 3 Ursachen und Triebkräfte der Globalisierung

politisch	**technologisch**	**gesellschaftlich**	**wirtschaftlich**
Ende des Kalten Krieges Liberalisierung des Welthandels und der Kapitalmärkte (Abbau von Zöllen etc.) Regionale Wirtschaftsbündnisse (EU etc.)	Informations- und Kommunikationstechnologie Abnehmende Transportkosten (See- und Luftfracht)	Steigende Bedeutung von (Aus-)Bildung, Trend zur Wissensgesellschaft Migration, verstärktes Reisen Öffnung von Gesellschaften	Streben v. a. multinationaler Konzerne nach Effizienzgewinnen (Kostensenkung, höhere Marktanteile)
Folge: Globaler, dynamischer Wettbewerb auf offenen, größeren Märkten			

1. a. Vervollständigt den Satz in M 1.

   b. Vergleicht eure Sätze.
2. Erläutert die vier Dimensionen der Globalisierung (ökonomisch, politisch, gesellschaftlich, kulturell) anhand selbst gewählter Beispiele. (M 2)
3. Erklärt, wie die verschiedenen Ursachen der Globalisierung zu einem verstärkten globalen Wettbewerb führen. (M 3)
4. Überprüft eure Vervollständigungen in M 1. Welche würdet ihr beibehalten, welche verändern? Würdet ihr weitere hinzufügen?
5. „Ohne Globalisierung ...“ – vervollständigt den Satz.

978-3-589-16953-5 | Jonas Rau | Themenhefte Sekundarstufe – Globalisierung in Wirtschaft und Politik

Der Weltmarkt wächst (I)

M 1 Ausländische Direktinvestitionen (ADI) weltweit von 1970 bis 2021 (in Mrd. US-Dollar)

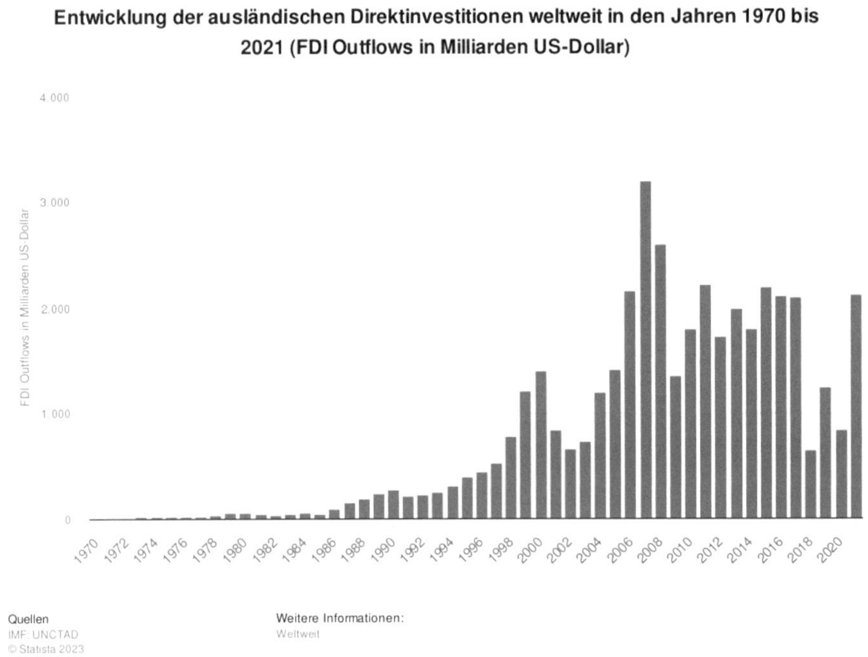

Statista 2023; Quellen: IMF, UNCTAD

M 2 Entwicklung des grenzüberschreitenden Warenhandels

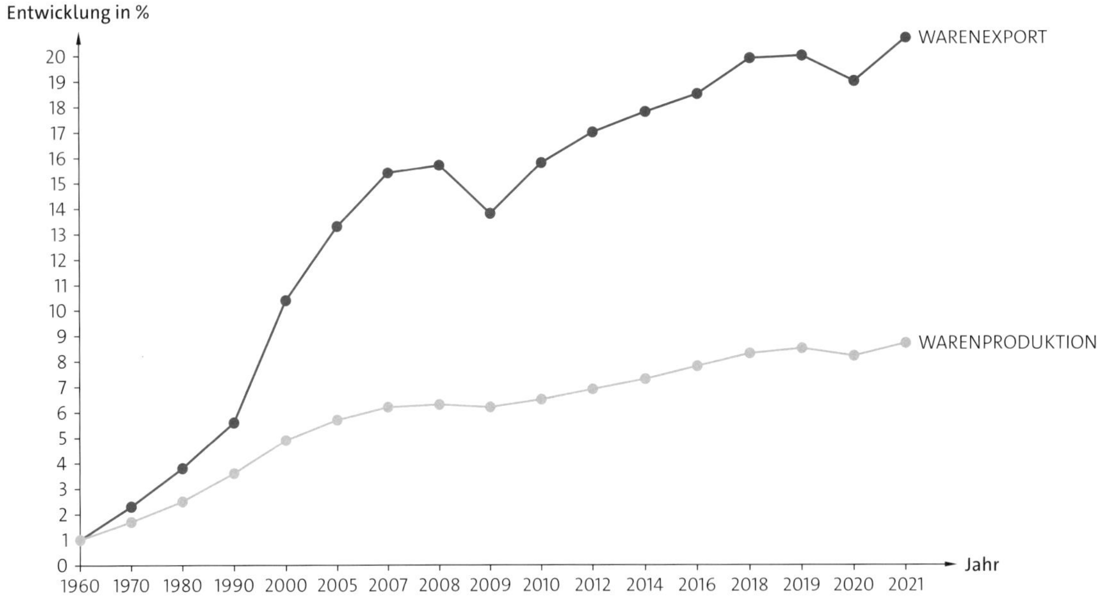

Cornelsen/Compuscript; Datenquelle: World Trade Organisation (WTO): World Trade Statistical Review 2022

1. Analysiert M 1 und M 2.
2. *Nichts veranschaulicht die Globalisierung so klar wie M 2.* – Erklärt diese Aussage.

978-3-589-16953-5 | Jonas Rau | Themenhefte Sekundarstufe – Globalisierung in Wirtschaft und Politik

Der Weltmarkt wächst (II)

M 3 Globale Handelsströme

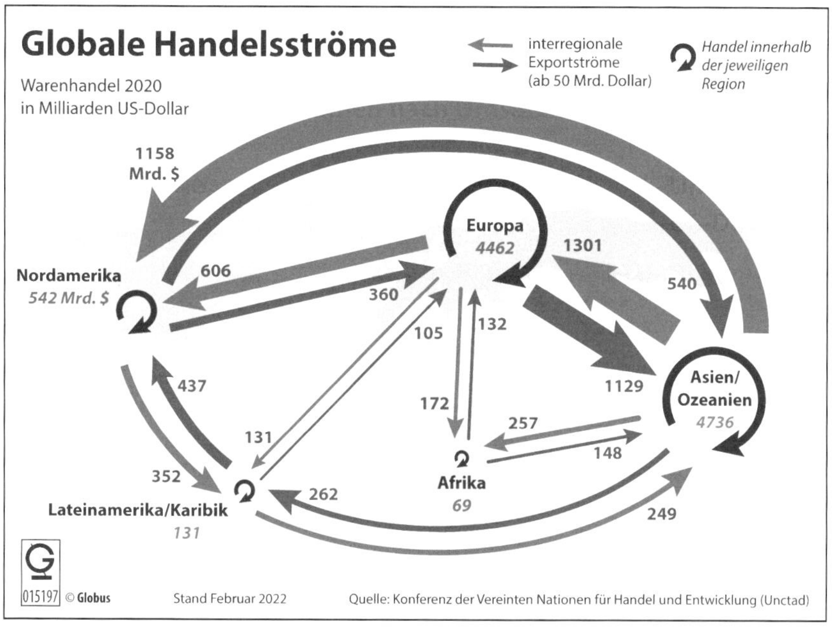

dpa Picture-Alliance/dpa-infografik GmbH

M 4 Globalisierung – gab es das nicht schon immer?

Phase	Hintergrund	Merkmale
1 (ca. 15. bis 18./19. Jh.)	Entdeckung neuer Seewege (vgl. Kolumbus; Magellan – erste Weltumsegelung)	Sehr geringes internationales Welthandelsniveau; v. a. Luxusgüter; kaum Auswirkungen auf die meisten Menschen
2 (ca. 1870–1914)	Innovationen: Dampfschifffahrt, Eisenbahn, Telegraf; Freihandelsabkommen	Recht hohes Welthandelsniveau (nach dem Zweiten Weltkrieg erst wieder in den 1970er-Jahren erreicht)
3 (ab 1990)		„Hyperglobalisierung“ ...
4 (ab der Finanz-/Wirtschaftskrise 2008/09)		„Slowbalisation“ ...

1. Analysiert die Grafik M 3.
2. *Globalisierung betrifft nicht alle Teile des Globus. Im Grunde handelt es sich um einen Triade-Handel zwischen Nordamerika, Europa und Ostasien.* Überprüft diese Aussage mithilfe von M 3.
3. a. Ergänzt die letzten Zeilen in M 4 ausgehend von M 1 bis M 3.

   b. *Globalisierung – gab es das nicht schon immer?* Diskutiert diese Frage.

978-3-589-16953-5 | Jonas Rau | Themenhefte Sekundarstufe – Globalisierung in Wirtschaft und Politik

Außenhandelstheorien – klassische Erklärungsansätze

Warum treiben Staaten Außenhandel? Diese Frage müsste eigentlich lauten: Warum betreiben Unternehmen aus unterschiedlichen Ländern Außenhandel? Schließlich handeln ja nicht die Staaten selbst, sondern die Unternehmen – aber Staaten schaffen hierfür Rahmenbedingungen (z. B. Zölle).

Ein grundlegender Vorteil des internationalen Austauschs liegt darin, dass Güter, die jeweils nur in einer Minderzahl der Länder vorkommen – z. B. Erdöl –, durch Handel auch anderswo verfügbar sind.

a) Theorie der absoluten Kostenvorteile (Adam Smith, 18. Jh.)[1]

Auch wenn Länder die gleichen Güter produzieren, gibt es hierbei oft erhebliche absolute Kostenunterschiede. In der Folge spezialisiert sich ein Land auf das Gut, bei dem es absolute Kostenvorteile aufweist. Ein Teil dieses Gutes wird exportiert; das andere Gut, auf das sich wiederum ein anderes Land spezialisiert hat, wird importiert. So wird die Gesamtproduktion beider Länder gesteigert, die Gesamtwohlfahrt steigt.

b) Theorie der komparativen Kostenvorteile (David Ricardo, 18./19. Jh.)[2]

Frage: Warum treiben zwei Länder Handel, obwohl einer der Staaten beide Güter kostengünstiger herstellen kann? Eigentlich fehlt diesem Staat doch der Anreiz für Handel – oder etwa nicht?

Ein Beispiel: Polen stellt die meisten Güter billiger her als Deutschland. Polens Kostenvorteil bei der Stahlproduktion ist allerdings erheblich größer als im Falle von Autos. D. h., Polen hat einen sog. komparativen Kostenvorteil bei Stahl bzw. der Kostennachteil für Deutschland ist bei Autos relativ geringer als bei Stahl.

Polen spezialisiert sich deshalb auf Stahl, Deutschland auf Autos; die komparativen Kostenunterschiede machen internationale Arbeitsteilung sinnvoll, der Wohlstand beider Länder steigt.

Lesehinweise zum Vertiefen:

[1] Smith, A. (1776). An Inquiry Into the Nature and Causes of the Wealth of Nations. Vereinigtes Königreich: Strahan.
[2] Ricardo, D. (1817). On the Principles of Political Economy and Taxation. Vereinigtes Königreich: John Murray.

978-3-589-16953-5 | Jonas Rau | Themenhefte Sekundarstufe – Globalisierung in Wirtschaft und Politik

Außenhandelstheorien – neuere Erklärungsansätze

Neuere Ansätze kritisieren an den klassischen Außenhandelstheorien (Smith, Ricardo), dass es sich dabei um sehr vereinfachte Modelle – nur zwei Länder, zwei Güter, ausschließlicher Fokus auf den Produktionsfaktor Arbeit – handelt.

c) Faktorproportionentheorie (Heckscher-Ohlin, 20. Jh.)[3]

Internationaler Handel lässt sich nicht durch einfache Produktivitätsunterschiede wie bei Smith oder Ricardo erklären, sondern durch unterschiedliche Faktorpreisrelationen: Produktionskosten in einem Land werden bestimmt durch die Preise für die Produktionsfaktoren Arbeit, Kapital und Boden. Die Preisrelationen der drei Faktoren sind je nach Land unterschiedlich. Grundfrage: Steht ein Produktionsfaktor – verglichen mit anderen – reichlich zur Verfügung? Beispiel: Verfügt ein Land über reichlich günstige Arbeitskräfte, jedoch über wenig Kapital, so wird es sich auf arbeitsintensive Produkte spezialisieren.

d) Produktlebenszyklus-Theorie (Raymond Vernon, 20. Jh.)[4]

Ein Produkt durchläuft typischerweise verschiedene Phasen: Innovation, Ausreifung, Sättigung. Verschiedene Länder haben, abhängig von der Faktorausstattung (s. o.), je nach Phase komparative Kostenvorteile. Beispiel: Die Innovationsphase ist kapital- und Know-how-intensiv, d. h., in dieser Phase wird ein Gut eher in Industrieländern hergestellt. In der Sättigungsphase sind Produkte hingegen ausgereift und lassen sich standardisiert in Entwicklungs- und Schwellenländern produzieren, die hierbei wegen niedrigerer Arbeitskosten im Vorteil sind.

e) Intra-industrieller Handel (20. Jh.)

Letztlich gehen alle bisher skizzierten Theorien von einer Spezialisierung der Länder entsprechend den komparativen Kostenunterschieden aus. Kritik: Ein Großteil des Handels der Industrieländer untereinander ist damit nicht erklärbar. Mittlerweile existiert ein bedeutender Handel mit vergleichbaren Gütern derselben Art, welche sowohl importiert als auch exportiert werden (sog. intra-industrieller Handel). Dies betrifft v. a. entwickelte Länder mit ähnlicher Wirtschaftsstruktur. Auf unterschiedliche persönliche Präferenzen der Nachfrager reagieren die Anbieter mit Differenzierung ihrer Produkte.

Erklärt mithilfe einer geeigneten Außenhandelstheorie:

1. Internationale Sportartikelhersteller lassen ihre Textilien in Bangladesch herstellen.
2. VW exportiert Kleinwagen nach Frankreich, zugleich importieren deutsche Händler französische Kleinwagen.
3. Das niederländische Unternehmen ASML lässt im Heimatland Lithographiesysteme für die Halbleiterindustrie fertigen, den wichtigen Rohstoff Neon-Gas bezieht es u. a. aus der Ukraine.
4. Ein Sportartikelhersteller produziert seine Prototypen in Deutschland, nach Erreichen der Serienreife jedoch in Vietnam.

Lesehinweise zum Vertiefen:

[3] Krugman, P. R., Obstfeld, M. (2004). Internationale Wirtschaft: Theorie und Politik der Außenwirtschaft. Deutschland: Pearson Studium. (zum Heckscher-Ohlin-Theorem vgl. S. 105 ff.)

[4] Raymond Vernon (1996). International Investments and International Trade in the Product Life Cycle, in: Quarterly Journal of Economics 80 (2), S. 190–207.

978-3-589-16953-5 | Jonas Rau | Themenhefte Sekundarstufe – Globalisierung in Wirtschaft und Politik

Internationale Arbeitsteilung

M 1 „Die Pharmaindustrie ist auf funktionierenden Welthandel angewiesen“

Aus einem Interview mit Han Steutel, Präsident des Verbands forschender Pharma-Unternehmen (vfa)

[...] Wie groß sind die Abhängigkeiten [in der Pharmaindustrie] von Lieferungen aus dem Ausland?

Die weltweite Pharmaindustrie produziert global. Es gibt keinen Markt mehr, der bei der Herstellung seines Bedarfes an Arzneimitteln unabhängig von Lieferungen aus dem Ausland ist. Hochwertige, neue, innovative Arzneimittel werden zwar zu großen Teilen in westlichen Industrieländern hergestellt, aber auch hier finden die verschiedenen Stufen der Herstellung in verschiedenen Ländern statt. Diese wiederum sind in jeder Stufe voneinander abhängig. Damit ist auch eins klar: Die Pharmaindustrie ist auf internationale Arbeitsteilung und funktionierenden Welthandel angewiesen.

[...] Für wie realistisch halten Sie eine Diversifikation der Bezugsquellen in den kommenden Jahren und was müsste aus Ihrer Sicht dafür getan werden?

Neuartige und innovative Arzneimittel, deren Herstellung äußerst komplex ist, werden überwiegend in Industrieländern in Europa oder Nordamerika oder auch in Japan produziert. Hier ist die Nähe zur Grundlagenforschung, zu gut ausgebildeten Fachkräften und zu einem hoch spezialisierten Maschinenbau entscheidend. Die Produktion etablierter Wirkstoffe wird hingegen regelmäßig in asiatische Länder wie China oder Indien verlagert. Unternehmen, die auf große Mengen solcher Wirkstoffe angewiesen sind, sollten ihre Bezugsquellen diversifizieren. Beim Produktionsausfall an einem Standort kann dann schnell ausgewichen werden. Dabei spielt es aber keine Rolle, in welchem Teil der Welt die Zulieferer sich befinden. Grundsätzlich sind einseitige Abhängigkeiten von einzelnen Lieferanten problematisch. [...]

Eine Rückverlagerung von etablierter Wirkstoffproduktion aus Asien nach Europa ist betriebs- und volkswirtschaftlich unsinnig. Aus gesundheitspolitischen Gründen kann es allenfalls sinnvoll sein, für besonders sicherheitsrelevante Wirkstoffe eine Unabhängigkeit von unsicheren Weltregionen anzustreben. Ich denke hier zum Beispiel an Antibiotika.

Martin Gaber: VFA: „Die Pharmaindustrie ist auf funktionierenden Welthandel angewiesen“ (21.06.2021): https://www.gtai.de/de/trade/welt/specials/vfa-die-pharmaindustrie-ist-auf-funktionierenden-welthandel-angewiesen--662732

1. a. Erläutert die internationale Arbeitsteilung am Beispiel der Medikamentenherstellung. (M 1)

   b. Begründet diese Form der internationalen Arbeitsteilung mithilfe einer Außenhandelstheorie.

2. Erörtert ausgehend von M 1 Vor- und Nachteile dieser internationalen Arbeitsteilung.

978-3-589-16953-5 | Jonas Rau | Themenhefte Sekundarstufe – Globalisierung in Wirtschaft und Politik

Freihandel vs. Protektionismus im Preis-Mengen-Diagramm

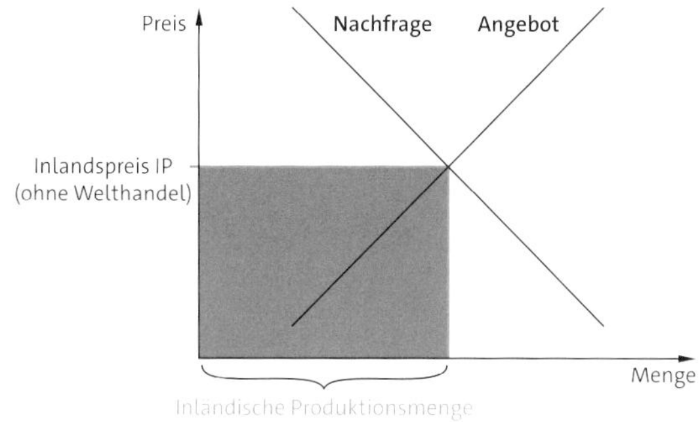

(1) Autarkie

Im [Preis-Mengen-Diagramm] (Abb. 1) ist zunächst der Inlandsmarkt für [ein Gut] ohne Welthandel zu sehen. Eine bestimmte ______________________ wird zum ______________________ angeboten.

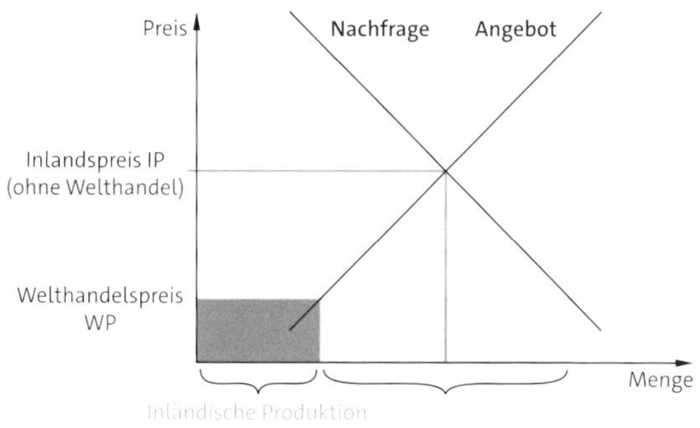

(2) Freihandel

In Abb. 2 wird der Inlandsmarkt gegenüber dem Weltmarkt, auf dem der ______________________ gilt, geöffnet. Der Preis sinkt nun im Inland zum Vorteil der Konsumenten auf ________, die ______________ Produktion geht zurück. Zum Preis WP kaufen die Konsumenten die verbleibende Inlandsproduktion und die ______________________.

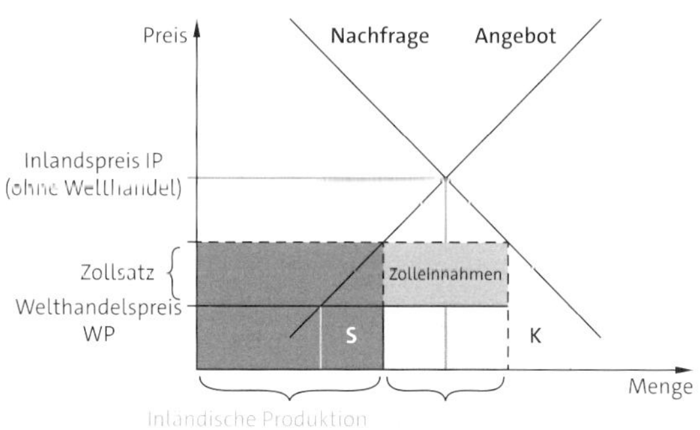

(3) Protektionismus

Nun wird ein Einfuhrzoll erhoben (Abb. 3). Der Inlandspreis steigt über den ______________. Damit nimmt der Konsum ab (Konsumeffekt K) und einige ______________ Produzenten werden wieder wettbewerbsfähig, ihre Produktion steigt (Schutzeffekt S). Das Importvolumen geht zurück. Deutlich wird, dass sich gegenüber der Situation bei Freihandel die Lage der inländischen ______________ verbessert, die der ______________ hingegen verschlechtert hat. Der Staat erzielt Einnahmen in Höhe ________ auf die reduzierte Einfuhrmenge. [Es] bleibt eine Netto-Wohlfahrtseinbuße (Dreieck oberhalb der Fläche K).

https://www.bpb.de/shop/zeitschriften/izpb/internationale-wirtschaftsbeziehungen-299/8204/institutionen-und-instrumente-der-internationalen-handelspolitik

1. Füllt die Lücken der jeweiligen Erklärtexte aus.
2. Erklärt die Wirkung von Protektionismus auf die Gesamtwohlfahrt.

978-3-589-16953-5 | Jonas Rau | Themenhefte Sekundarstufe – Globalisierung in Wirtschaft und Politik | Grafiken: PROF. DR. KLAUS-PETER KRUBER

Freihandel vs. Protektionismus – eine Kontroverse

M 1 Definitionen

Protektionismus bezeichnet staatliche Eingriffe in grenzüberschreitende wirtschaftliche Transaktionen. Die Beschränkung des Freihandels, also des freien Austauschs von Waren, Dienstleistungen und Kapital, hat vor allem das Ziel, inländische Hersteller vor der Konkurrenz durch ausländische Produzenten abzuschirmen. Einen weltweit komplett unbeschränkten Handel hat es in der Geschichte nie gegeben. Neben Liberalisierungsbestrebungen zeigen sich aktuell auch protektionistische Tendenzen in der Weltwirtschaft. Protektionistische Politik kann sich hierbei zweierlei Arten von Handelshemmnissen bedienen: Tarifäre Handelshemmnisse umfassen v. a. Zölle, nicht-tarifäre Handelshemmnisse hingegen Import- und Exportbeschränkungen, Ein- und Ausfuhrverbote, rechtliche und technische Standards und Subventionen.

M 2 Was spricht für Freihandel bzw. Protektionismus?

Argumente für Freihandel	Argumente für Protektionismus

Verhinderung einseitiger Spezialisierung – günstigere Verbraucherpreise und Vorprodukte – langfristig: Sicherung von Arbeitsplätzen – Schutz vor unfairen Handelspraktiken und schädlichen Einfuhren – keine Provokation von sog. Handelskriegen – Versorgungssicherheit bei existenziellen Gütern (Medikamente etc.) – sog. „infant industries" brauchen zeitweiligen Schutz – mehr Wettbewerb und Innovationsdynamik – Entwicklungsländer haben Chance zu Wachstum aus eigener Kraft – Strukturanpassungsprozesse lassen sich sozial besser abfedern

1. Erläutert mögliche Wirkungen protektionistischer Maßnahmen auf in- und ausländische Akteure (Unternehmen, Verbraucher, Staaten) anhand von M 1.
2. a. Ordnet die Argumente in der Tabelle M 2 korrekt zu.

   b. Sammelt zu den Argumenten passende Beispiele.

   c. „Freihandel vs. Protektionismus" – erörtert diese Kontroverse.

978-3-589-16953-5 | Jonas Rau | Themenhefte Sekundarstufe – Globalisierung in Wirtschaft und Politik

2 | Akteure der Globalisierung (I) – Unternehmen und Staaten

ZUM THEMA

Verschiedene Akteure prägen das Gesicht der Globalisierung: Unternehmen und Staaten, internationale und regionale Organisationen, daneben – und in diesem Heft nicht näher beleuchtet – NGOs und letztlich auch die Konsumenten. Primäre Träger der Globalisierung sind multinationale Unternehmen (synonym: transnationale Unternehmen), die über Produktionsstandorte, Tochtergesellschaften und Niederlassungen in mehreren Staaten verfügen. Sie bedienen globale Absatzmärkte und nutzen strategische Standortvorteile wie Lohnkosten, Umwelt- und Sozialstandards, Steuervorteile etc. Oftmals verfügen sie über eine fast marktbeherrschende Stellung, ihre jährlichen Umsätze erreichen hohe dreistellige Milliardenbeträge, ihr Börsenwert (Marktkapitalisierung) überschreitet teilweise die Billionengrenze. Unter den zehn umsatzstärksten Unternehmen weltweit finden sich bekannte Konzerne wie Apple oder Volkswagen, aber auch vermutlich eher unbekannte wie State Grid oder Sinopec. Neben den großen Global Playern finden sich auch die so genannten Hidden Champions, der Öffentlichkeit meist nicht geläufige, hochspezialisierte Unternehmen, die in ihrer Nische zu den Weltmarktführern gehören. Das traditionell mittelständisch geprägte Deutschland ist die Heimat der meisten Hidden Champions weltweit und so stellen Entwicklungen wie die Energiekrise oder der wachsende Fachkräftemangel auch oder gerade diese Unternehmen vor große Herausforderungen.

In diesem Zusammenhang stellt sich die grundsätzliche Frage nach der Attraktivität des Standortes: Wenngleich die Befunde aus Umfragen hierzu unterschiedlich ausfallen, so beobachten nicht wenige Expert/-innen eine abnehmende Standortqualität mit Blick auf Standortfaktoren wie Energiekosten, Regulierung/Bürokratie oder steuerliche Belastung. Insbesondere aufgrund steigender Energiepreise infolge des Ukrainekrieges wurde die kontroverse These von einer Deindustrialisierung Deutschlands in den öffentlichen Diskurs eingebracht: Aufgrund seiner starken Abhängigkeit vom energieintensiven, exportstarken industriellen Sektor träfen die hohen Energiepreise die deutsche Wirtschaft besonders hart und könnten zu einer Verlagerung von Industrieproduktion ins Ausland führen; Kritiker der These halten die unterstellten Effekte für überzeichnet.

Auf Staatenebene lohnt es sich, Länder bzw. Ländergruppen unterschiedlichen Entwicklungsstandes zu beleuchten. Den Schwellenländern bescherte die Globalisierung ab 1990 teilweise sehr hohe Wachstumsraten. Unter den sog. BRICS-Staaten (Brasilien, Russland, Indien, China, Südafrika) erscheint China als der größte Gewinner der Globalisierung; Prognosen zufolge ist es nur eine Frage der Zeit, bis das chinesische Bruttoinlandsprodukt jenes der bislang führenden USA übertreffen wird. Wie die (wirtschaftliche) Zukunft anderer Schwellenländer aussehen wird, bleibt nicht zuletzt angesichts problematischer politischer Entwicklungen (vgl. insbesondere Russland) ungewiss. Noch vereint die Gruppe der Industrieländer (G7) den größten Anteil am weltweiten BIP auf sich (über 40 %), bei einer relativ deutlich kleineren Bevölkerungszahl. Ob und ggf. inwiefern sich die globalen Machtgewichte verschieben werden, bleibt spannend. Die Stellung von Entwicklungsländern in der Globalisierung ist seit Langem Gegenstand kontroverser Debatten: Sind die Globalisierungsgewinne der Industrie- und Schwellenländer nur auf Kosten der Entwicklungsländer möglich oder profitieren auch diese von der weltweiten Vernetzung? Zumindest einigen Entwicklungsländern, bspw. Äthiopien, wird von manchen Expert/-innen ein Aufstieg zum Schwellenland zugetraut, wenngleich das Land hierbei natürlich vor vielfältigen Herausforderungen steht. Ob die chinesische Investitionsoffensive unter dem Titel „Neue Seidenstraße“ für die Entwicklungsländer mehr Chancen als Risiken birgt, lässt sich ebenfalls kontrovers diskutieren.

DIDAKTISCHE HINWEISE

Die **KV 7** thematisiert die Stellung multinationaler Unternehmen in der Globalisierung. Zunächst äußern die Schülerinnen und Schüler spontan Assoziationen zu zehn Global Playern (M 1) – ohne zu wissen, dass es sich hierbei um die TOP-10 der umsatzstärksten Unternehmen weltweit handelt. Diese sortieren sie anschließend in die Tabelle M 2 ein, was ihnen über das Ausschlussprinzip gelingen sollte, und analysieren die Statistik. Ausgehend von M 3 erörtern sie Chancen und Risiken multinationaler Konzerne.

Mithilfe von **KV 8** untersuchen die Schülerinnen und Schüler den Standort Deutschland. Nach der eher allgemeinen Erläuterung elementarer Standortfaktoren (M 1) stellen sie Hypothesen zur Standortqualität Deutschlands auf, welche sie im Anschluss anhand von M 2 überprüfen können; auf dieser Basis lässt sich die Attraktivität des Standortes Deutschland diskutieren. Die **KV 9** erweitert die Diskussion um den Standort Deutschland um die These einer drohenden Deindustrialisierung, welche die Schülerinnen und Schülern ausgehend von M 1 erörtern sollen.

Sowohl die **KV 10** als auch die **KV 11** widmen sich den Hidden Champions. Es ist zu erwarten, dass den allermeisten Schülerinnen und Schülern die fünf Hidden Champions in M 1 von KV 10 unbekannt, die fünf DAX-Konzerne jedoch bekannt sind. Aufbauend darauf lassen sich Hidden Champions leicht charakterisieren (M 2). Im Anschluss erstellen die Schülerinnen und Schüler Unternehmensporträts selbst recherchierter Hidden Champions aus Deutschland (M 3). „Ihren“ Hidden Champion unterziehen sie mithilfe von M 2 der KV 11 einer SWOT-Analyse. Ausgehend von M 1 diskutieren sie vor dem Hintergrund zahlreicher Herausforderungen Chancen und Risiken für Hidden Champions in Deutschland.

In der **KV 12** werfen die Schülerinnen und Schüler einen Blick auf Schwellenländer – hier die BRICS-Staaten – in der Globalisierung. Hierzu recherchieren sie aktuelle Daten (Bevölkerung, BIP, HDI) zu den fünf Staaten (M 1). Anschließend analysieren sie die (zum Teil prognostizierte) Entwicklung des BIP der BRICS-Staaten (M 2), um auf dieser Basis die aktuelle und künftige weltwirtschaftliche Bedeutung der BRICS-Staaten einzuschätzen.

Die **KV 13** beleuchtet demgegenüber die Gruppe der Industrieländer (G7). Hierzu analysieren die Schülerinnen und Schüler zunächst M 1 (Anteil der G7 am weltweiten BIP bzw. der Weltbevölkerung). Diese Daten vergleichen sie nachfolgend mit jenen der BRICS-Staaten (vgl. KV 12) und beurteilen die aktuelle und künftige weltwirtschaftliche Bedeutung der G7-Staaten, ggf. im Vergleich zu den BRICS-Staaten.

Die **KV 14** greift mit Äthiopien exemplarisch ein afrikanisches Entwicklungsland heraus. Nach Analyse von M 1 recherchieren die Schülerinnen und Schüler weitere (Wirtschafts-)Daten des Landes. Auf dieser Datenbasis erörtern sie Chancen und Risiken für die Entwicklung Äthiopiens (M 2).

Mit der chinesischen Investitionsoffensive unter dem Titel „Neue Seidenstraße“ („One Belt, One Road“) setzen sich die Schülerinnen und Schüler anhand der **KV 15** auseinander. Zunächst recherchieren sie den Verlauf der „Neuen Seidenstraße“, wobei sie erkennen, dass diese letztlich Investitionen in eine interkontinentale Infrastruktur in über 60 Ländern Asiens, Afrikas und Europas umfasst. Die beiden Karikaturen M 2 und M 3 werfen einen kritischen Blick auf das Großprojekt, von dem primär China profitieren würde. Ausgehend von M 1 bis M 3 erörtern die Schülerinnen und Schüler abschließend Chancen und Risiken der „Neuen Seidenstraße“.

Multinationale Unternehmen – mächtiger als Staaten?

M 1 Zehn Global Player

Amazon – State Grid – Apple – China National Petroleum – CVS Health – Sinopec – Saudi Aramco – China State Construction Engineering – Walmart – Volkswagen

M 2 Weltgrößte Unternehmen nach Umsatz im Geschäftsjahr 2021/2022

Rang	Name	Land	Umsatz (Mrd. US-Dollar, ca.)	Branche
1.		USA	572	Einzelhandel
2.		USA	469	Internethandel
3.		China	460	Energieversorger
4.		China	411	Öl und Gas
5.		China	401	Öl und Gas
6.		Saudi-Arabien	400	Öl und Gas
7.		USA	365	Technologie
8.		Deutschland	295	Automobile
9.		China	293	Bauhauptgewerbe
10.		USA	292	Pharmahandel

M 3 Multinationale Unternehmen ...

[sind] international tätige Unternehmen, die durch Tochtergesellschaften oder Betriebsstätten sowie Niederlassungen in zahlreichen Staaten präsent sind. Ihre Absatzmärkte sind auf mehrere Länder verteilt und sie steuern ihre Aktivitäten von einer Zentrale im Heimatland aus. Die Unternehmen nutzen günstige Standortvorteile und preiswerte Bezugsquellen von Rohstoffen, liefern aber im Gegenzug dem Gastland neue Technologien und Maschinen und schaffen dort auch Arbeitsplätze. Kritik an den multinationalen Unternehmen, umgangssprachlich auch als **Multis** bezeichnet, hat sich im Zusammenhang mit der zunehmenden Globalisierung insbesondere aufgrund ihres erheblichen ökonomischen Einflusses in den Zielländern entwickelt. Sie haben häufig auf ihrem Absatz- und Beschaffungsmarkt eine marktbeherrschende Stellung inne. Ihre Zentrale befindet sich überwiegend in westlichen Industrieländern. Der Umsatz zahlreicher Unternehmen übersteigt nicht selten den öffentlichen Haushalt in ihren Zielländern. Sie können Gewinne international verlagern und damit Steuerzahlungen umgehen.

https://www.bpb.de/kurz-knapp/lexika/lexikon-der-wirtschaft/20146/multinationale-unternehmen

1. Was verbindet ihr spontan mit den Unternehmen? Äußert eure Assoziationen. (M 1)
2. a. Ordnet die Unternehmen aus M 1 in die Tabelle M 2 ein.

   b. Analysiert M 2.
3. Erörtert ausgehend von M 3 Chancen und Risiken multinationaler Konzerne.

978-3-589-16953-5 | Jonas Rau | Themenhefte Sekundarstufe – Globalisierung in Wirtschaft und Politik

Standort Deutschland – attraktiv?

M 1 Welche Standortfaktoren beeinflussen die Standortwahl?

Standortfaktoren sind: [...] Arbeitskräfteangebot, Nähe zu Kunden (Absatzmöglichkeiten), Lieferanten (Beschaffungsmöglichkeiten), Dienstleistungsanbietern oder zu Unternehmen der gleichen Branche, Verkehrslage und Kommunikationsmöglichkeiten, Angebot an Betriebsflächen und Grundstücksreserven sowie Entsorgungseinrichtungen, Angebot an Arbeitskräften und Bildungseinrichtungen, Wirtschaftsförderung, öffentliche Abgaben (Steuern); als weiche Faktoren auch soziale Einrichtungen, Angebot an Wohnraum, Image der Region sowie Kultur- und Freizeitangebot.

https://www.bpb.de/20719/standort/

M 2 Standort Deutschland – Länderindex Familienunternehmen 2022

Dem am besten bewerteten Land wird in den einzelnen [sechs] Subindizes sowie in der Gesamtbewertung des „Länderindex Familienunternehmen" der Punktwert 100 zugewiesen, dem am ungünstigsten bewerteten Land der Wert null.

a) Länderporträt Deutschland

b) Länderranking

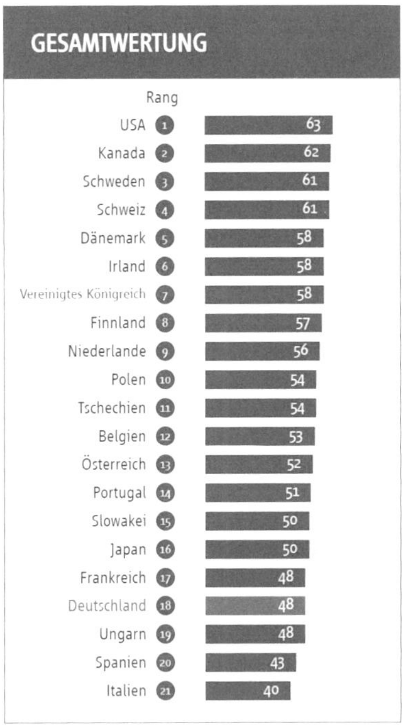

1. Positioniert euch entlang der Positionslinie „sehr attraktiv vs. sehr unattraktiv": *Der Standort Deutschland ist im internationalen Vergleich ....*
2. a. Erläutert unterschiedliche Standortfaktoren. (M 1)

   b. Stellt Hypothesen auf, bei welchen Standortfaktoren Deutschland eher stark bzw. eher schwach abschneidet.
3. a. Analysiert den Länderindex Familienunternehmen 2022 (M 2).

   b. Vergleicht die Daten in M 2 mit euren Hypothesen aus Aufgabe 2b.
4. Diskutiert, ob der Standort Deutschland attraktiv für Investitionen ist.

978-3-589-16953-5 | Jonas Rau | Themenhefte Sekundarstufe – Globalisierung in Wirtschaft und Politik | Grafiken: Quelle: ZEW – Leibniz-Zentrum für Europäische Wirtschaftsforschung GmbH Mannheim, © Stiftung Familienunternehmen

Droht Deutschland eine Deindustrialisierung?

Die infolge des Ukrainekrieges ausbleibenden russischen Gaslieferungen ließen die Preise für Energie extrem ansteigen – insbesondere für energieintensive Betriebe, bspw. aus der Chemieindustrie, eine große Herausforderung. Nicht wenige Expert/-innen befürchten deshalb eine Deindustrialisierung Deutschlands, also ein Abwandern von Industriebetrieben, mit Folgen für Wachstum, Beschäftigung und Wohlstand.

M 1 Droht eine Deindustrialisierung? Die Gefahr lauert ganz woanders

[...] Kaum ein Tag vergeht, an dem nicht vor Fabrikschließungen gewarnt wird. [...]

Wie sich gezeigt hat, sind die Szenarien der Apokalyptiker nicht eingetreten, selbst nachdem Russlands Präsident Wladimir Putin die Nord-Stream-Pipeline abgeschaltet hatte. Die Bundesregierung fand tatsächlich Alternativen zu russischer Energie, Sparmaßnahmen senkten den Gasverbrauch um 30 Prozent. Die Preise sind von 350 Euro je Megawattstunde im Sommer inzwischen auf rund 80 Euro gefallen. Es gab keine Stromausfälle und der Rückgang des Gasverbrauchs drückte nicht einmal die Industrieproduktion, weil deutsche Unternehmen effizienter wurden. [...] Das deutsche Bruttoinlandsprodukt stieg 2022 um rund 1,9 Prozent. Die wirkliche Bedrohung des Standorts Deutschland kommt von einer ganz anderen Seite: China hat Deutschland inzwischen in der Rangliste der größten Autoexporteure von Platz zwei hinter Japan verdrängt. [...] Gleichzeitig stiegen Chinas Autoexporte nach Europa von 133 465 im Jahr 2019 auf 435 080 im Jahr 2021 wegen der wachsenden Nachfrage nach in China hergestellten Elektrofahrzeugen. Ebenso wie Deutschland importiert Europa inzwischen mehr Autos aus China als es exportiert. Chinas Anteil am globalen Elektrofahrzeugmarkt stieg im vergangenen Jahr dank seiner Dominanz bei der Batterieherstellung und dem Erfolg chinesischer Hersteller wie BYD Auto auf 28 Prozent. Im selben Zeitraum sank der Anteil deutscher Hersteller wie Volkswagen von sieben auf vier Prozent. Neben der Automobilherstellung bedrohen chinesische Konkurrenten auch den deutschen Maschinenbau – und damit das industrielle Rückgrat des Landes. Der chinesische Export von Werkzeugmaschinen übertrifft mittlerweile die Maschinenexporte aus Deutschland [...].

Ironischerweise spielten in China tätige deutsche Firmen bei dem „Wachwechsel" eine entscheidende Rolle: Zu Joint Ventures mit chinesischen Partnern gezwungen, beschleunigten sie auch im Maschinenbau den Technologietransfer nach China – und rüsteten so ihren Konkurrenten kräftig auf. Deutschland hat es im vergangenen Jahr geschafft, sich von russischem Gas zu verabschieden, ohne in eine Rezession zu geraten. Aber die Wiederherstellung der Wettbewerbsfähigkeit des Landes ist eine noch größere Herausforderung. [...]

Dalia Marin: Droht eine Deindustrialisierung? Die Gefahr lauert ganz woanders, in: Tagesspiel (online) vom 23.03.2023 (https://www.tagesspiegel.de/wirtschaft/droht-eine-deindustrialisierung-die-gefahr-lauert-ganz-woanders-9538973.html

1. Droht Deutschland eine Deindustrialisierung? Nehmt spontan Stellung.
2. Erörtert ausgehend von M 1, ob Deutschland eine Deindustrialisierung droht.

978-3-589-16953-5 | Jonas Rau | Themenhefte Sekundarstufe – Globalisierung in Wirtschaft und Politik

Hidden Champions – unbekannte Weltmarktführer

M 1 Kennst du diese Unternehmen?

Das Unternehmen ...	... ist mir bekannt.	... ist mir unbekannt.	... ist in der Branche ... tätig.
Herrenknecht AG			
Ottobock SE und Co. KG			
Karl Storz SE und Co. KG			
Wilo SE			
EBM-Papst-Gruppe			
Deutsche Telekom AG			
Adidas AG			
BASF SE			
Siemens AG			
Porsche AG			

M 2 Was sind Hidden Champions?

Um als Hidden Champion klassifiziert zu werden, muss ein Unternehmen drei Kriterien erfüllen:

1. Es muss in seinem Markt zu den Top 3 in der Welt gehören oder Nr. 1 auf seinem Kontinent sein.
2. Der Umsatz muss unter 5 Milliarden Euro liegen.
3. Es muss eine geringe Bekanntheit in der allgemeinen Öffentlichkeit aufweisen.

Simon, H. (2021). Hidden Champions – Die neuen Spielregeln im chinesischen Jahrhundert. Frankfurt/New York: Campus Verlag, S. 23.

M 3 Ein Unternehmensporträt erstellen

Folgende Angaben solltet ihr aufnehmen:

Gründungsjahr/Gründer/-in; Rechtsform (z. B. GmbH); Geschäftsführer/-in; Anzahl der Mitarbeitenden; Sitz/Standorte; Kooperationen mit anderen Unternehmen; Branche; wichtigste Produkte; Kennzahlen (Umsatz, Gewinn); wichtige Kunden/Absatzmärkte; evtl. Auszeichnungen.

1. a. Kreuze an, welche Unternehmen dir bekannt bzw. unbekannt sind. (M 1)
   b. Kannst du benennen, in welcher Branche die dir bekannten Unternehmen tätig sind?
   c. Vergleicht eure Ergebnisse in der Klasse.
2. Charakterisiert so genannte Hidden Champions. (M 2)
3. a. Recherchiert arbeitsteilig Hidden Champions aus Deutschland und erstellt jeweils ein Unternehmensporträt. (M 3)
   b. Präsentiert eure Unternehmensporträts vor der Klasse. Führt zu Beginn die Umfrage aus Nr. 1 durch.

978-3-589-16953-5 | Jonas Rau | Themenhefte Sekundarstufe – Globalisierung in Wirtschaft und Politik

Hidden Champions – Herausforderungen

M 1 Globalisierung, Energiekrise, Fachkräftemangel…

Ohne die sich seit dem Ende des Kalten Krieges 1989/90 beschleunigende Globalisierung wäre der Aufstieg zahlreicher Hidden Champions kaum denkbar. Zuletzt ließen sich jedoch auch Tendenzen beobachten, dass der ungebremste Globalisierungsprozess ins Stocken gerät. Abschottungen und Lieferkettenprobleme im Zuge der Coronakrise, Sanktionen des Westens gegen Russland infolge des Ukrainekrieges, geopolitische Spannungen infolge des russischen Angriffskrieges auf die Ukraine, Spannungen des Westens mit China aufgrund dessen Haltung im Ukrainekrieg sowie der Gefahr einer Annexion Taiwans, möglicherweise gar eine neue Blockbildung USA/EU vs. China/Russland, protektionistische Tendenzen (höhere Zölle, Ein- und Ausfuhrverbote etc.) von Akteuren wie China, aber auch den USA – alles Bedrohungen für den internationalen Freihandel. Hidden Champions, die einen Großteil ihres Erfolgs den Exporten verdanken, geraten dadurch besonders unter Druck. Konkurrenz bekommen deutsche Hidden Champions auch aus China, welches deren erfolgreiches Konzept mit der Entwicklung eigener „little giants" vorantreibt. Im Inland sehen sich Hidden Champions mit dem steigenden Fachkräftemangel konfrontiert, ebenso mit steigenden Energiekosten. Dass die meisten Hidden Champions im verarbeitenden Gewerbe (Industrie) tätig sind, könnte angesichts des Megatrends der Digitalisierung ebenfalls nachteilig sein, da dieser Sektor von großen, vor allem US-amerikanischen Konzernen dominiert wird.

M 2 SWOT-Analyse

Die SWOT-Analyse ist eine Möglichkeit, die Situation eines Unternehmens zu analysieren und auf dieser Grundlage eine künftige Strategie zu entwickeln. Hierbei betrachtet man:

a) die Unternehmensumwelt (externe Analyse) – welche Chancen und Risiken bieten der Markt, die technologische Entwicklung, soziale und ökologische Rahmenbedingungen etc.?

b) das Unternehmen selbst (interne Analyse) – welche Stärken und Schwächen besitzt das Unternehmen?

SWOT	Stärken (Strengths)	Schwächen (Weaknesses)
Chancen (Opportunities)		
Risiken (Threats)		

1. Erstellt eine SWOT-Analyse für „euren" Hidden Champion aus Aufgabe Nr. 3a der KV 10. (M 1, M 2)

2. Diskutiert ausgehend von M 1 Chancen und Risiken für Hidden Champions in Deutschland.

978-3-589-16953-5 | Jonas Rau | Themenhefte Sekundarstufe – Globalisierung in Wirtschaft und Politik

BRICS – Schwellenländer in der Globalisierung

BRICS ist eine informelle Vereinigung der Schwellenländer Brasilien, Russland, Indien, China und (seit 2011) Südafrika. Obwohl es sich tendenziell um aufstrebende Volkswirtschaften handelt, ist die (welt-)wirtschaftliche Bedeutung der jeweiligen Staaten sehr unterschiedlich. Auf jährlichen Gipfeltreffen versuchen sie, ihre Wirtschaftspolitik aufeinander abzustimmen.

M 1 Anteil an der Welt im Jahr ....

Land	Bevölkerung		Bruttoinlandsprodukt (BIP)		Human Development Index (HDI)	
	in Mio.	in % der Welt	in Mrd. US-Dollar	in % der Welt	Wert	Rang
China						
Indien						
Brasilien						
Russland						
Südafrika						
Gesamt					--	--
Welt		100,0		100,0	--	--

M 2 Bruttoinlandsprodukt (BIP) in den BRICS-Staaten von 1980 bis 2022 und Prognosen bis 2028 (in Milliarden US-Dollar)

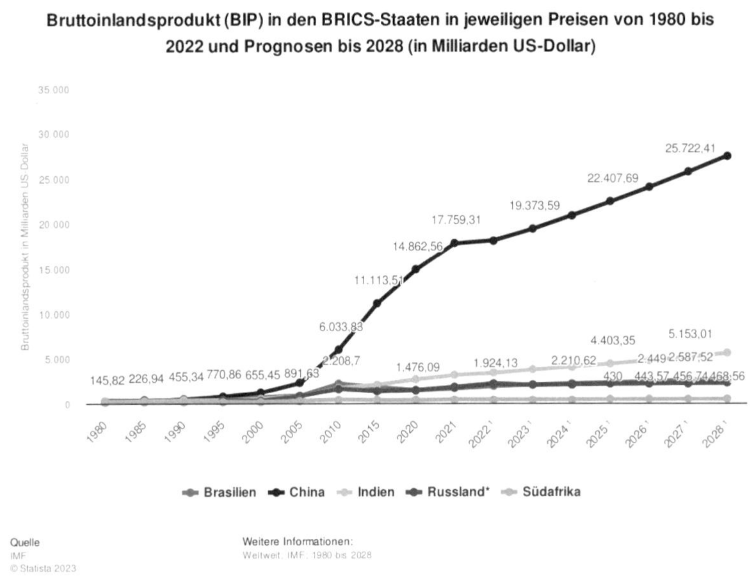

Statista 2023; Quelle: IMF

1. Recherchiert die jeweiligen Daten und tragt sie in die Tabelle M 1 ein.
2. Analysiert M 2.
3. Beurteilt die aktuelle und künftige weltwirtschaftliche Bedeutung der BRICS-Staaten ausgehend von M 1 und M 2.

978-3-589-16953-5 | Jonas Rau | Themenhefte Sekundarstufe – Globalisierung in Wirtschaft und Politik

G7 – Industrieländer in der Globalisierung

G7 (Gruppe der Sieben) ist eine informelle Vereinigung der – zum Gründungszeitpunkt 1975 – wichtigsten Industrieländer. Mitglieder sind: USA, Japan, Deutschland, Frankreich, Vereinigtes Königreich (UK), Italien und Kanada. Russland, das seit 1998 ebenfalls Mitglied war, wurde aufgrund der völkerrechtswidrigen Annexion der Krim im Jahr 2014 wieder ausgeschlossen. Auf jährlichen Gipfeltreffen werden Themen der Weltwirtschaft diskutiert.

M 1 Anteil der G7-Staaten an der Weltbevölkerung und am weltweiten BIP 2022 (in %)

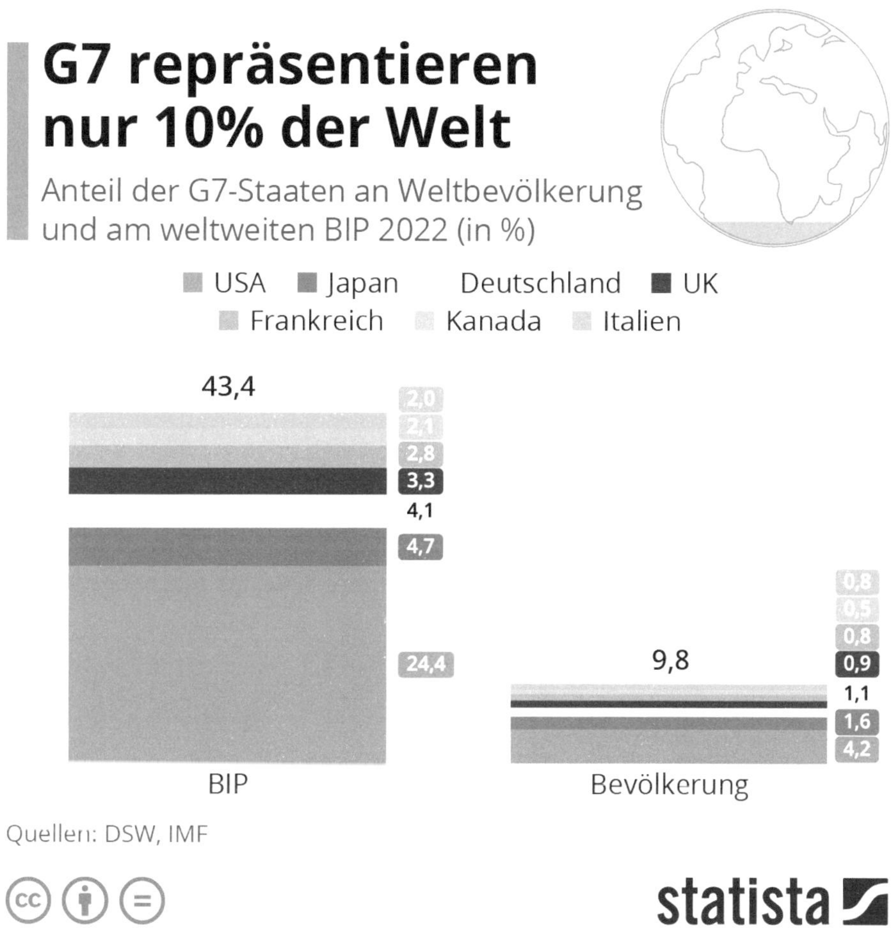

Statista 2023; Quellen: DSW, IMF

1. Analysiert M 1.
2. Vergleicht die Daten (M 1) mit jenen der BRICS-Staaten (KV 12).
3. Beurteilt die aktuelle und künftige weltwirtschaftliche Bedeutung der G7-Staaten.

978-3-589-16953-5 | Jonas Rau | Themenhefte Sekundarstufe – Globalisierung in Wirtschaft und Politik

Entwicklungsland Äthiopien – der „afrikanische Tiger“?

Als Tigerstaaten oder kurz „Tiger“ bezeichnet man die Länder Südostasiens, die in der zweiten Hälfte des 20. Jahrhunderts ein sehr hohes Wirtschaftswachstum aufwiesen und so in Rekordzeit den Sprung vom Entwicklungs- zum wohlhabenden Schwellenland schafften, bspw. Taiwan, Südkorea oder Singapur. In den 2010er-Jahren trauten nicht wenige Äthiopien einen ähnlichen Weg zu – wie steht es um den „afrikanischen Tiger“?

M 1 Äthiopien: Bruttoinlandsprodukt (BIP) in jeweiligen Preisen von 1981 bis 2022 und Prognosen bis 2028 (in Milliarden US-Dollar)

Statista 2023; Quelle: IMF

M 2 Chancen und Risiken für die Entwicklung Äthiopiens

Chancen	**Risiken**
Junge Bevölkerung …	Ethnische und politische Spannungen (vgl. Bürgerkrieg in der Region Tigray) …

1. Analysiert M 1.
2. Recherchiert weitere (Wirtschafts-)Daten Äthiopiens (Inflationsrate, Arbeitslosenrate, Ex- und Importe, Bevölkerungsgröße und -entwicklung, HDI). (Tipp: www.gtai.de)
3. Erörtert die Chancen und Risiken für die Entwicklung Äthiopiens zum Schwellenland. (M 2)

978-3-589-16953-5 | Jonas Rau | Themenhefte Sekundarstufe – Globalisierung in Wirtschaft und Politik

Neue Seidenstraße – wer profitiert von ihr?

M 1 Die „Neue Seidenstraße“

Unter dem Titel „Neue Seidenstraße“ bzw. „One Belt, One Road Initiative“ betreibt die chinesische Regierung seit 2013 eine Vielzahl von Investitionen in die interkontinentale Infrastruktur in über 60 Ländern Asiens, Afrikas und Europas. Der Begriff ist eine Anspielung auf die klassische Seidenstraße, eine alte Handelsroute, auf der bereits seit dem 1. Jh. v. Chr. Güter ausgetauscht wurden. Das Gesamtvolumen der Investitionen soll knapp eine Billion Dollar betragen. Dies betrifft sowohl den Landweg (Straßen, Bahnstrecken) als auch den Seeweg (Häfen). Der Aufbau neuer bzw. verbesserter Infrastrukturnetze soll chinesischen Unternehmen neue Absatzmärkte bescheren und, unter anderem durch sinkende Handelskosten, den Warenaustausch steigern. Zugleich bindet China die beteiligten Partnerländer stärker an sich, bspw. durch Kreditvergabe an ärmere Länder, und kann sich auf diese Weise auch mehr geopolitischen Einfluss sichern. Eventuell könnten Staaten hierdurch auch in eine Schuldenfalle geraten. Kritisiert wird ferner, dass oftmals chinesische Unternehmen mit ihren eigenen chinesischen Mitarbeitern die Infrastrukturprojekte realisieren – der Arbeitsmarkt der Partnerländer profitiert hiervon nicht. Bemängelt werden auch zu niedrige Arbeits- und Umweltschutzstandards, welche die Nachhaltigkeit der Initiative fragwürdig erscheinen lassen. Aus diesen Gründen wird die „Neue Seidenstraße“ von vielen westlichen Beobachtern oftmals kritisch beäugt.

M 2 Chinesischer Drache

dpa Picture-Alliance/Kostas Koufog/dieKLEINERT.de/Kostas Koufogiorgos

M 3 Vorsicht Rutschgefahr!

dpa Picture-Alliance/dieKLEINERT.de/Martin Erl

1. Recherchiert den Verlauf der „Neuen Seidenstraße“.
2. Analysiert die Karikaturen M 2 und M 3.
3. Erörtert ausgehend von M 1 bis M 3 Chancen und Risiken der „Neuen Seidenstraße“.

Chancen	Risiken
Investitionen	Abhängigkeit
…	…

978-3-589-16953-5 | Jonas Rau | Themenhefte Sekundarstufe – Globalisierung in Wirtschaft und Politik

3 | Akteure der Globalisierung (II) – internationale und regionale Organisationen

ZUM THEMA

Neben (multinationalen) Unternehmen und (einzelnen) Staaten nehmen zahlreiche internationale und regionale Organisationen Einfluss auf den Globalisierungsprozess.

Am Leitbild des Freihandels orientiert, hat sich die Welthandelsorganisation (World Trade Organization, WTO) der Regelung der internationalen Handels- und Wirtschaftsbeziehungen verschrieben und zielt auf den Abbau tarifärer wie nichttarifärer Handelshemmnisse ab. Sie baut auf drei Säulen auf: dem Allgemeinen Zoll- und Handelsabkommen (GATT), dem Allgemeinen Übereinkommen über den Handel mit Dienstleistungen (GATS) sowie dem Übereinkommen über handelsbezogene Aspekte der Rechte des geistigen Eigentums (TRIPS). Vier zentrale Grundprinzipien prägen die Regelsetzung durch die WTO: Meistbegünstigung, Inländergleichbehandlung, Gegenseitigkeit und Transparenz; für Entwicklungsländer gelten zum Teil andere Regeln, um ihre Integration in den Weltmarkt zu erleichtern. Trotzdem bemängeln insbesondere globalisierungskritische NGOs, die WTO-Regeln seien zugunsten der Industrieländer ausgelegt – fairer Welthandel könne so nicht gelingen. Während der Präsidentschaft Donald Trumps (2017–2021) blockierten die USA zudem die WTO, obwohl Studien ergaben, dass gerade die USA – neben China und Deutschland – am stärksten von der WTO profitieren.

In die Kritik geraten auch immer wieder zwei Sonderorganisationen der Vereinten Nationen, namentlich der Internationale Währungsfonds (IWF) und die Weltbank (treffender: Weltbankgruppe). Insbesondere die Kreditvergabe des IWF an Länder, die in Zahlungsschwierigkeiten geraten sind, ruft auch Kritik und Widerstand hervor, ist sie doch an sog. Strukturanpassungsprogramme (SAP) geknüpft, die vielfach harte Sparmaßnahmen der betroffenen Staaten erzwingen und eine mitunter kontrovers diskutierte Liberalisierung und Privatisierung der Volkswirtschaft erfordern. Zudem bemängeln Kritiker ein Demokratiedefizit des IWF (vgl. Sperrminorität der USA bei Entscheidungen). Die Kritik an der Weltbank, welche mit Krediten eher langfristige Projekte in Entwicklungsländern finanziert, stößt meist in dieselbe Richtung.

Ob die 1944 ins Leben gerufenen Bretton-Woods-Institutionen IWF und Weltbank ihre mächtige internationale Stellung beibehalten werden, bleibt spannend; die BRICS-Staaten planen jedenfalls, ihre 2014 als Alternative gegründete New Development Bank (NDB) deutlich aufzuwerten und mit ihrer Hilfe Entwicklungs- und Infrastrukturprojekte zu finanzieren. Es bleibt abzuwarten, ob der Einfluss des Westens in afrikanischen und asiatischen Entwicklungs- und Schwellenländern in diesem Zuge (weiter) geschwächt wird. Auch mit Blick auf die regionale Integration zeichnen sich im asiatischen Raum Bestrebungen ab, den intraregionalen Handel zu forcieren: Das 2022 in Kraft getretene Handelsabkommen RCEP (Regional Comprehensive Economic Partnership Agreement) umfasst aktuell 15 Mitgliedstaaten inkl. China, Südkorea und der zehn ASEAN-Länder – das größte Freihandelsabkommen der Welt. Ob der Binnenmarkt der EU und das 2020 in Kraft getretene United States-Mexico-Canada-Agreement (USMCA) als europäisches bzw. nordamerikanisches Modell der regionalen Integration angesichts hoher Wachstumsraten in Asien an weltwirtschaftlichem Gewicht verlieren werden, bleibt offen.

DIDAKTISCHE HINWEISE

Die KV 16 und 17 können gut doppelseitig kopiert werden. Mithilfe der **KV 16** erarbeiten sich die Schülerinnen und Schüler zunächst Grundkenntnisse über die WTO (M 1); anhand eigener Beispiele sollen sie die vier Grundprinzipien der WTO erläutern. Im Anschluss überlegen sie, weshalb für Entwicklungsländer mitunter Ausnahmen gelten; kontrovers diskutieren lässt sich auf dieser Basis die (Selbst-)Einstufung Chinas als Entwicklungsland. Die **KV 17** nimmt die „America first"-Politik Donald Trumps, die auch eine Blockade der WTO beinhaltete (vgl. M 1), in den Blick. Nach Analyse der Karikatur beurteilen die Schülerinnen und Schüler diese Politik vor dem Hintergrund von M 2 und der WTO-Prinzipien.

Auch die beiden folgenden Kopiervorlagen KV 18 und 19 lassen sich doppelseitig verwenden. Anhand der Grundlagentexte von **KV 18** erarbeiten sich die Schülerinnen und Schüler elementare Kenntnisse zu IWF (M 1) und Weltbank (M 2), um im Anschluss beide Sonderorganisationen der UN zu vergleichen. Einer (möglicherweise ersten) Urteilsbildung dient die Aufgabe Nr. 3, in der sie bewerten, wie demokratisch IWF und Weltbank konstruiert sind. Die **KV 19** legt anschließend den Fokus auf die (häufig kritisierte) Praxis der Kreditvergabe durch IWF und Weltbank. Zunächst diskutieren die Schülerinnen und Schüler verschiedene Forderungen zur Kreditvergabe an Entwicklungsländer (M 1). Ausgehend von M 2 (Beispiel Ecuador) bewerten sie anschließend die übliche Praxis, die Kreditvergabe an sog. Strukturanpassungsmaßnahmen zu knüpfen.

Die **KV 20** weitet den Blick auf eine mögliche Alternative zu den etablierten Organisationen IWF und Weltbank, namentlich die New Development Bank (NDB). Zum Einstieg diskutieren die Schülerinnen und Schüler spontan die These in M 1 („Kreditgeber China?"). Daran anschließend vergleichen sie die NDB mit der Weltbank, falls diese Sonderorganisation der UN bereits im Unterricht behandelt wurde (M 2). Mit möglichen Folgen der NDB beschäftigen sich die Schülerinnen und Schüler in M 3: Um die komplexen Zusammenhänge zu vereinfachen, sollen sie vorgegebene Teilsätze zu sinnvollen „Wenn-dann"-Aussagen verbinden. Den Abschluss bildet eine Diskussion, ob die NDB die etablierten Institutionen IWF und Weltbank möglicherweise ersetzen könnte; auch dies setzt eine vorangegangene unterrichtliche Thematisierung voraus.

Die **KV 21 bis 24** nehmen unterschiedliche Formen der regionalen Integration in den Blick: Europa (EU-Binnenmarkt), Nordamerika (USMCA) und Asien (RCEP)

Die KV 21 dient sowohl der grundlegenden Information über die typischen Stufen der wirtschaftlichen Integration (M 1) als auch als Ergebnissicherungsblatt für den Vergleich der drei Wirtschaftsräume (M 2). Nun folgen die Kopiervorlagen zu den drei besagten Großregionen: Mithilfe von KV 22 erarbeiten sich die Schülerinnen und Schüler Kerncharakteristika des EU-Binnenmarktes (M 1 und M 2) und begründen, weshalb dieser im Vergleich zu einer reinen Freihandelszone den intraregionalen Handel stark anwachsen lässt. Die KV 23 informiert die Schülerinnen und Schüler über das (sicher eher unbekanntere) USMCA (Nachfolger des NAFTA, M 1). Anschließend erörtern sie, ausgehend von M 2, Chancen und Risiken einer zum Binnenmarkt weiter vorangetriebenen wirtschaftlichen Integration Nordamerikas – wobei die Politik keine Ambitionen zu deren Realisierung haben dürfte. Die größte Freihandelszone der Welt, das RCEP, ist Gegenstand von KV 24. Auch hier erarbeiten sich die Schülerinnen und Schüler zunächst zentrale Merkmale des Handelsabkommens (M 2), um anschließend Chancen und Risiken für europäische Unternehmen zu sammeln und die Folgen für die Wettbewerbsposition der EU zu diskutieren. Nach Erarbeitung aller drei Beispiele der regionalen Integration lassen sich diese mithilfe von KV 21 vergleichen.

Die WTO – faire Regeln für den Welthandel? (I)

M 1 Die Welthandelsorganisation (WTO)

Die Welthandelsorganisation (engl. World Trade Organization, WTO) mit Sitz in Genf (Schweiz) ist eine internationale Organisation, die sich der Regelung von internationalen Handels- und Wirtschaftsbeziehungen verschrieben hat. Als Nachfolgeorganisation löste sie 1995 das Allgemeine Zoll- und Handelsabkommen (General Agreement on Tariffs and Trade, GATT) aus dem Jahr 1948 ab. Leitbild der WTO ist der Freihandel, folglich zielt sie bei der Formulierung von Regeln für den internationalen Handel darauf ab, tarifäre und nichttarifäre Handelshemmnisse möglichst abzubauen. Aktuell hat die WTO 164 Mitglieder, darunter etwa zwei Drittel Entwicklungs- und Schwellenländer (Stand: Juli 2023).

Drei Säulen		
Allgemeines Zoll- und Handelsabkommen (GATT)	**Allgemeines Übereinkommen über den Handel mit Dienstleistungen (GATS)**	**Übereinkommen über handelsbezogene Aspekte der Rechte des geistigen Eigentums (TRIPS)**

Grundprinzipien*			
Meistbegünstigung	*Inländergleichbehandlung*	*Gegenseitigkeit*	*Transparenz*
Vorteile, die WTO-Mitglieder einem Handelspartner einräumen, müssen auch jedem anderen WTO-Mitglied gewährt werden.	Aus- und inländische Unternehmen, Waren und Dienstleistungen müssen gleich behandelt werden.	Vorteile, die ein Land einem anderen Land gewährt, sollen gegenseitig sein.	Angewandte Regelungen und Beschränkungen sollen für alle Mitglieder transparent dargestellt werden.

Für Entwicklungsländer gelten zum Teil andere Regeln.

Die Streitschlichtung im Falle von Handelskonflikten obliegt dem DSB (Dispute Settlement Body). Sollte die unterlegene Partei einen Schlichtungsvorschlag nicht umsetzen, so kann die WTO der anderen Partei ggf. erlauben, Handelssanktionen zu verhängen.

M 2 China – ein Entwicklungsland?

China definiert sich selbst gerne als Entwicklungsland. Hintergrund: Für Entwicklungsländer sehen die WTO-Regeln diverse Ausnahmen vor, bspw. was die Erlaubnis zur staatlichen Subventionierung wichtiger Branchen betrifft – die der chinesischen Wirtschaft große Vorteile im internationalen Wettbewerb verschafft. Diese Handelsvorteile möchte China ungern aufgeben.

1. Erläutert anhand eigener Beispiele die Grundprinzipien der WTO. (M 1)
2. a. Überlegt, weshalb für Entwicklungsländer mitunter Ausnahmen von den WTO-Regeln gelten. (M 1)

   b. Diskutiert die (Selbst-)Einstufung Chinas als Entwicklungsland. (M 2)

978-3-589-16953-5 | Jonas Rau | Themenhefte Sekundarstufe – Globalisierung in Wirtschaft und Politik

Die WTO – faire Regeln für den Welthandel? (II)

M 1 „America first“ – WTO-Blockade durch USA

dpa Picture-Alliance/dieKLEINERT.de/Markus Grolik

M 2 USA, China und Deutschland profitieren am stärksten von der WTO

[...] Eine Mitgliedschaft, die sich auszahlt: Die USA, China und auch Deutschland profitieren weltweit am stärksten von ihrem WTO-Beitritt. Sie erzielen die mit Abstand größten Einkommensgewinne, die direkt auf ihre Mitgliedschaft in der Handelsorganisation zurückzuführen sind. Für die Vereinigten Staaten beziffern sich die Einkommensgewinne auf rund 87 Milliarden US-Dollar [...]. Die Chinesen erzielen rund 86 und die Deutschen rund 66 Milliarden US-Dollar Einkommensgewinne. [...]

[Die] WTO erreichte für alle ihre Mitglieder weltweit einen Wohlstandszuwachs von insgesamt rund 855 Milliarden US-Dollar. [...] So profitieren beispielsweise die EU-Mitglieder zusammen mit 232 Milliarden und die OECD-Länder mit insgesamt 480 Milliarden US-Dollar. Doch die Erfolgsgeschichte hat auch ihre Schattenseiten: Länder, die nicht Mitglied der WTO sind, verlieren – im Durchschnitt 0,96 Prozent pro Land – durch die stärkere wirtschaftliche Integration der WTO-Mitglieder. [...]

Laut Analyse profitieren vor allem export- und produktionsstarke Nationen von ihrer Mitgliedschaft. Das gilt neben den USA und Deutschland zum Beispiel auch für Südkorea (rund 31 Milliarden US-Dollar BIP-Zuwachs), aber auch für Mexiko (rund 58 Milliarden US-Dollar BIP-Zuwachs) und China, die weiterhin intensiv als Werkbank für den Weltmarkt produzieren. [...]

https://www.bertelsmann-stiftung.de/de/unsere-projekte/global-economic-dynamics/projektnachrichten/usa-china-und-deutschland-profitieren-am-staerksten-von-der-wto/

1. Erläutert die Aussage der Karikatur M 1.
2. Beurteilt die „America first“-Politik (z. B. Strafzölle auf chinesische und europäische Waren etc.) vor dem Hintergrund von M 2 und der WTO-Prinzipien.

978-3-589-16953-5 | Jonas Rau | Themenhefte Sekundarstufe – Globalisierung in Wirtschaft und Politik

IWF und Weltbank – Partner von Entwicklungsländern? (I)

Geraten Staaten in finanzielle Schwierigkeiten, können sie bei anderen Staaten oder den eigenen Bürgern Kredite aufnehmen – oder den IWF oder die Weltbank um Hilfe bitten.

M 1 Der Internationale Währungsfonds (IWF)

Der IWF ist eine Sonderorganisation der Vereinten Nationen mit Sitz in Washington D. C., USA. 190 Staaten sind Mitglied im IWF. Er vergibt Kredite an Länder, die nicht über ausreichende Währungsreserven verfügen. Die Kreditvergabe ist an bestimmte Bedingungen geknüpft, bspw. Kürzung der Staatsausgaben, Liberalisierung und Privatisierung. Man spricht hier von sog. Strukturanpassungsprogrammen (SAP). Solche SAPs müssen auch Entwicklungsländer umsetzen, welche der IWF in der Entwicklungszusammenarbeit unterstützt. Im sog. Gouverneursrat, der einmal pro Jahr tagt, sitzt je ein Teilnehmer aus allen Mitgliedsstaaten. Der Gouverneursrat bestimmt und wählt das sog. Exekutivdirektorium, das aus 24 Direktoren besteht, darunter je ein Vertreter aus den USA, Japan, China, Deutschland, Großbritannien und Frankreich. Das Exekutivdirektorium wählt und kontrolliert wiederum die Geschäftsführung, bestehend aus einem Direktor und vier Stellvertretern. Fällt der IWF, genauer der Gouverneursrat und das Exekutivdirektorium, Beschlüsse, so haben die Gouverneure und Direktoren ein unterschiedliches Stimmengewicht. Dieses hängt vom Kapitalanteil ihrer Länder am Fonds ab. Hier die Quoten der kapitalstärksten Mitglieder in Prozent (Stand: 02/2022): USA: 17,43; Japan: 6,47; China: 6,40; Deutschland: 5,59; UK: 4,23; Frankreich: 4,23; ... Daneben haben alle Mitglieder Basisstimmen. Wichtige Beschlüsse erfordern mindestens 85% der Stimmen.

M 2 Die Weltbank

Die Weltbank müsste man eigentlich als Weltbankgruppe bezeichnen, welche verschiedene multinationale Entwicklungsbanken umfasst, darunter v. a. die Internationale Bank für Wiederaufbau und Entwicklung und die Internationale Entwicklungsorganisation. Sitz der Weltbank ist Washington D.C., USA. Sie ist eine Sonderorganisation der Vereinten Nationen. Ursprünglich wurde die Weltbankgruppe gegründet, um den Wiederaufbau der im Zweiten Weltkrieg verwüsteten Staaten zu finanzieren. Heute werden mit Krediten der Weltbank meist langfristige Projekte in Entwicklungsländern finanziert. Wie beim IWF werden die Stimmrechte nach Anteilseigentum gewichtet. Größter Anteilseigner sind auch hier die USA. Auch für Kredite der Weltbank müssen Entwicklungsländer in der Regel Strukturanpassungsprogramme (Privatisierung, Liberalisierung etc.) durchführen. Die finanzierten Projekte sollen durch Hilfe zur Selbsthilfe den Entwicklungsländern ermöglichen, ihre Zukunft selbst zu gestalten.

1. Erstellt arbeitsteilig einen Steckbrief von IWF und Weltbank. (M 1, M 2)
2. Vergleicht die beiden Sonderorganisation der Vereinten Nationen. (M 1, M 2)
3. Bewertet, wie demokratisch IWF und Weltbank funktionieren.
   (Hilfe: Beachtet die Stimmanteile.)

978-3-589-16953-5 | Jonas Rau | Themenhefte Sekundarstufe – Globalisierung in Wirtschaft und Politik

IWF und Weltbank – Partner von Entwicklungsländern? (II)

M 1 Kreditvergabe an Entwicklungsländer – Forderungen *(bitte ankreuzen)*

Forderung	Stimme zu	Stimme nicht zu	Bin unentschlossen
Die Kreditvergabe sollte an hohe Menschenrechts-, Sozial- und Umweltstandards geknüpft werden.			
Entwicklungs- und Schwellenländer sollten in IWF und Weltbank mehr Mitsprache bei der Kreditvergabe erhalten.			
Zahlreiche der ärmsten Länder der Welt sind so hoch verschuldet, dass man ihnen die Schulden komplett erlassen müsste.			

M 2 Ecuador: Die katastrophalen Folgen eines IWF-Kredits

[...] Bei den Unruhen [2019 in Ecuador] gab es sieben Tote, über 1 000 Verletzte und mehr als 1 300 Verhaftete. Auslöser waren Maßnahmen zur Reduzierung der Staatsausgaben, die der IWF als Bedingung für einen Kredit forderte. Die darin enthaltene Abschaffung der Treibstoffsubventionen führte zunächst zu einem 48-stündigen Streik aller Transportunternehmen [...]. Die Bilanz der Regierungszeit von Präsident Moreno ist ziemlich enttäuschend [...]. Die wichtigen Unternehmensgruppen üben großen Einfluss auf Regierungsentscheidungen aus. Ergebnis ist eine neoliberale und wirtschaftsfreundliche Politik, die von der Bevölkerung kritisch gesehen wird [...]. Hinzu kommt, dass die Bevölkerung sich dem IWF zunehmend ausgeliefert fühlt. Unter Präsident Correa kamen die Kredite überwiegend aus China, Ecuador verfügt daher in Südamerika pro Kopf über die höchste Verschuldung gegenüber China. Der Preisverfall des Erdöls erzeugte weiteren Handlungsdruck. Um die Staatsschulden zu senken, hat Moreno daher beim IWF einen Kredit von 4,2 Milliarden Dollar beantragt, Voraussetzungen dafür sind aber umfassende Reformen und Sparmaßnahmen, die bisher vor allem die ärmeren Teile der Bevölkerung treffen und aufgrund ihrer Radikalität sowie mangelnder sozialer Abfederung zunehmenden Unmut auslösen. [...] Weitere Regierungsmaßnahmen wie Massenentlassungen im öffentlichen Dienst sowie die geplante Flexibilisierung der Arbeitsgesetzgebung und damit eine erhöhte Arbeitslosigkeit können durchaus erneute Proteste auslösen [...]. Präsident Morenos Versuch, [...] den Wechsel von einer staatszentrierten Entwicklung zu einem vom IWF gewünschten Marktmodell zu vollziehen, lässt sich demokratisch wohl kaum verwirklichen. [...]

Wolfgang Grabendorff, Ecuador: Die katastrophalen Folgen eines IWF-Kredits (17.10.2019) https://www.fes.de/themenportal-die-welt-gerecht-gestalten/weltwirtschaft-und-unternehmensverantwortung/artikel-in-weltwirtschaft-und-unternehmensverantwortung/ecuador-die-katastrophalen-folgen-eines-iwf-kredits

1. Diskutiert die Forderungen in M 1.
2. Bewertet ausgehend von M 2 die Praxis, die Kreditvergabe an Maßnahmen der Strukturanpassung (z. B. Kürzung der Staatsausgaben) zu knüpfen.

978-3-589-16953-5 | Jonas Rau | Themenhefte Sekundarstufe – Globalisierung in Wirtschaft und Politik

New Development Bank – Alternative zu Weltbank und IWF?

M 1 Kreditgeber China?

These: Werden Kredite für Entwicklungs- und Schwellenländer an zu hohe Menschenrechts-, Sozial- und Umweltstandards geknüpft, suchen sich diese Länder Kredite nicht mehr bei der Weltbank, sondern bei Ländern wie China.

M 2 Die New Development Bank (NDB)

Die New Development Bank (NDB, deutsch: Neue Entwicklungsbank) mit Sitz in Shanghai (China) wurde 2014 von den BRICS-Staaten als Alternative zu Weltbank und IWF gegründet. Mittlerweile sind zudem Bangladesch, Ägypten und die Vereinigten Arabischen Emirate Mitglied der multinationalen NDB. Sie soll vor allem Entwicklungs- und Infrastrukturprojekte finanzieren, bspw. im Zusammenhang mit der „Neuen Seidenstraße". Im Unterschied zur Weltbank besitzt jeder Mitgliedsstaat eine Stimme bei der Beschlussfassung.

M 3 Folgen der NDB
(bitte verbinden!)

Wenn ...	dann ...
Kredite in Landeswährung, z. B. chinesischem Yuan, vergeben werden,	könnte die Dominanz von Weltbank und IWF zurückgehen.
bei der Kreditvergabe nicht auf Kriterien wie gute Regierungsführung und Schutz der Menschenrechte geachtet wird,	sinkt die Dominanz des US-Dollars und damit das Wechselkursrisiko zum US-Dollar.
die Vorherrschaft des US-Dollars sinkt,	stärkt dies autokratische Regime.
die NDB weitere Mitglieder hinzugewinnt,	stärkt dies die finanzielle Unabhängigkeit der BRICS-Staaten sowie armer Länder.

1. Diskutiert spontan die These in M 1.
2. Vergleicht die New Development Bank mit der Weltbank. (M 2)
3. a. Verbindet die Teilsätze in M 3 zu sinnvollen „Wenn-dann"-Aussagen.
   b. Formuliert weitere mögliche Folgen.
4. Diskutiert, ob die NDB die etablierten Institutionen IWF und Weltbank ersetzen könnte.

978-3-589-16953-5 | Jonas Rau | Themenhefte Sekundarstufe – Globalisierung in Wirtschaft und Politik

Regionale Integration – Wirtschaftsräume im Vergleich

M 1 Stufen der wirtschaftlichen Integration

Die folgenden Stufen der Integration werden oftmals, aber nicht zwingend in dieser Reihenfolge durchlaufen:

1	**Freihandelszone**	Abschaffung von Zöllen und anderen tarifären Handelshemmnissen; kein gemeinsamer Außenzoll
2	**Zollunion**	Plus gemeinsamer Außenzoll gegenüber Ländern außerhalb der Zollunion
3	**Gemeinsamer Markt**	Plus Abbau nichttarifärer Handelshemmnisse (z. B. Standards, Normen); gemeinsamer Gütermarkt
4	**Wirtschaftsunion**	Plus Koordinierung oder Vereinheitlichung einer sektoralen Wirtschaftspolitik (z. B. Landwirtschaft)
5	**Währungsunion**	Plus Fixierung von Wechselkursen oder gemeinsame Währung

M 2 EU, USMCA und RCEP im Vergleich

	EU-Binnenmarkt	**United States-Mexico-Canada-Agreement (USMCA)**	**RCEP**
	Europa	Nordamerika	Asien
Mitgliedsstaaten			
Bevölkerung (in Mio.)			
Bruttoinlandsprodukt (BIP, in Mrd. US-Dollar)			
Stufe der Integration			

1. Erklärt die Stufen der wirtschaftlichen Integration. (M 1)
2. a. Füllt die Tabelle M 2 arbeitsteilig mithilfe der folgenden Kopiervorlagen aus.
   b. Recherchiert fehlende Angaben.
   c. Vergleicht die drei Wirtschaftsräume.

978-3-589-16953-5 | Jonas Rau | Themenhefte Sekundarstufe – Globalisierung in Wirtschaft und Politik

Der EU-Binnenmarkt

M 1 Der Binnenmarkt der Europäischen Union (EU)

Die Europäische Union umfasst viele Politik- und damit für uns auch viele Lebensbereiche. Am unmittelbarsten kommen wir mit dem Binnenmarkt in Berührung. Binnenmarkt heißt, dass wir kaufen, arbeiten und investieren können, wo wir wollen. Im nationalen Rahmen ist das selbstverständlich. Jeder kann in Leipzig wohnen, aber sein Auto in München erwerben, sein Geld bei der Sparkasse in Rostock anlegen und für seinen Hausumbau einen Architekten aus Dresden verpflichten. Der europäische Binnenmarkt bedeutet, dass dies in gleicher Weise in der gesamten Europäischen Union möglich ist.

Wir sprechen von den vier Freiheiten, nämlich

- der Freiheit der Waren,
- der Freiheit der Dienstleistungen,
- der Freiheit der Arbeitskräfte und
- der Freiheit des Kapitals.

Der Binnenmarkt ist damit viel mehr als eine Freihandelszone. Er garantiert nicht nur die Waren-, sondern auch die Dienstleistungsfreiheit. Wer sich als deutscher Arzt in Frankreich oder in Schweden niederlassen will, kann dies tun. Wer als Niederländer in Deutschland ein Reisebüro aufmachen will, kann daran nicht gehindert werden. Jeder hat die Möglichkeit, sich seinen Arbeitsort auszusuchen. [...]

https://www.bpb.de/themen/europaeische-union/dossier-europaeische-union/42855/binnenmarkt/

M 2 Die vier Freiheiten – Freiheit ...

der Waren	der Dienstleistungen	der Personen	des Kapitals

gemeinsamer Markt für Finanzdienstleistungen (Bankgeschäfte etc.) – grenzüberschreitendes Angebot von Transport, Energieversorgung, Telekommunikation etc. – keine Zölle – keine Grenzkontrollen – keine mengenmäßigen Beschränkungen – Niederlassungsfreiheit (Wohn-/Arbeitsort) – Angleichung von Produktnormen/-standards – freie Geld-/Kapitalbewegungen – Anerkennung ausländischer Schul- und Berufsabschlüsse

1. Sammelt persönliche Erfahrungen mit dem EU-Binnenmarkt. (M 1)
2. Ordnet die Begriffe den vier Freiheiten des EU-Binnenmarktes zu. (M 2)
3. Begründet, weshalb der Binnenmarkt – im Vergleich zu einer reinen Freihandelszone – den intraregionalen Handel (also innerhalb der EU) stark anwachsen lässt.

978-3-589-16953-5 | Jonas Rau | Themenhefte Sekundarstufe – Globalisierung in Wirtschaft und Politik

Das United States-Mexico-Canada-Agreement (USMCA)

M 1 Das USMCA – Nachfolger des NAFTA

[...] Das USMCA ist das Nachfolgeabkommen zum North American Free Trade Agreement. Das NAFTA zwischen den USA, Kanada und Mexiko besteht seit 1994 als Freihandelszone. Produkte mit Ursprung in der Zone können innerhalb der Zone zollfrei gehandelt werden. Voraussetzung ist, dass die Produkte einen bestimmten Anteil an Ursprungsmaterialien, den regionalen Wertschöpfungsanteil (regional value content), beinhalten. Im Kfz-Sektor betrug dieser Anteil zum Beispiel häufig 62,5 Prozent. [...]

Aus Sicht der US-Regierung konnten US-Unternehmen dennoch nicht ausreichend von NAFTA profitieren. Grund waren zu wenig straffe Ursprungsregeln, insbesondere im Kfz-Sektor, und ein nicht ausreichender Schutz geistigen Eigentums. Der ehemalige Präsident Donald Trump machte sich eine Neuverhandlung daher zum Wahlkampfziel und legte dem US-Kongress am 30. September 2018 den Text des neuen „United States-Mexico-Canada Agreement“ (USMCA) vor.

[...] Das USMCA gibt im Vergleich zum NAFTA strengere Ursprungsregeln vor. Für den Kfz-Sektor einigten sich die Vertragspartner zum Beispiel auf eine Erhöhung des regionalen Wertschöpfungsanteils von 62,5 Prozent auf bis zu 75 Prozent. [...]

Das USMCA stellt einen verbesserten Schutz des geistigen Eigentums sicher. Dies betrifft Kontrollen an den Zollgrenzen, um die Einfuhr gefälschter Produkte zu verhindern und den Schutz neuer geografischer Ursprungsbezeichnungen zu gewährleisten.

Spezifische Vereinbarungen sollen ferner die gegenseitige Anerkennung von regulatorischen Vorschriften verbessern, vor allem in den Industriesektoren Arzneimittel, Medizinprodukte und Chemie.

[...] Das Abkommen ist am 1. Juli 2020 in Kraft getreten und wird 16 Jahre gelten. Es soll nach sechs Jahren überprüft und gegebenenfalls um weitere 16 Jahre verlängert werden. [...]

Susanne Scholl (20.07.2022), United States-Mexico-Canada-Agreement (USMCA), https://www.gtai.de/de/trade/usa/zoll/united-states-mexico-canada-agreement-usmca--269346

M 2 Ein nordamerikanischer Binnenmarkt – wären weitere Integrationsschritte denkbar?

Im Binnenmarkt der EU gelten die sog. vier Freiheiten: Waren, Dienstleistungen, Personen und Kapital dürfen frei über die Binnengrenzen bewegt werden, ohne Beschränkungen und Kontrollen. Ein Vorbild auch für Nordamerika?

Herausforderungen, Risiken und Chancen:

Armut – Drogenhandel – Wechselkursrisiken (starker US-Dollar, schwacher Mexikanischer Peso) – illegale Migration – Hispanics/Latinos als große, wachsende Minderheit in den USA – unterschiedliche Entwicklungsniveaus (Industrie- vs. Schwellenland) – Trend zur Regionalisierung – Nordamerika als starker Wirtschaftsraum – ...

1. Charakterisiert das USMCA. (M 1)
2. Erörtert ausgehend von M 2 Chancen und Risiken eines gemeinsamen nordamerikanischen Binnenmarktes nach Vorbild der EU.

978-3-589-16953-5 | Jonas Rau | Themenhefte Sekundarstufe – Globalisierung in Wirtschaft und Politik

RCEP – die größte Freihandelszone der Welt

M 1 Das 21. Jahrhundert – ein „asiatisches Jahrhundert“?

Manche Expert/-innen prognostizieren ein „asiatisches Jahrhundert“ – mögliche Hinweise darauf könnten sein:

○ Indien und China sind die bevölkerungsreichsten Länder der Welt ○ Wirtschaftlicher Aufstieg zahlreicher Schwellenländer, allen voran China	__________ __________ __________ __________

M 2 Das RCEP-Handelsabkommen

Das Regional Comprehensive Economic Partnership Agreement (kurz RCEP) ist ein [...] Abkommen, das 15 Mitgliedstaaten umfasst und auf das fast 30 Prozent der Weltwirtschaftsleistung, -handel und -bevölkerung entfallen. Mitgliedstaaten sind die zehn ASEAN-Länder (Brunei, Kambodscha, Indonesien, Laos, Malaysia, Myanmar, die Philippinen, Singapur, Thailand und Vietnam) sowie Australien, China, Japan, Neuseeland und Südkorea.

Ziel des Abkommens ist primär der Abbau von tarifären Handelshemmnissen. Etwa 90 Prozent aller Zölle sollen in den kommenden 20 Jahren abgebaut werden.

Nach 31 Verhandlungsrunden und acht Jahren Vorbereitung wurde das Abkommen am 15. November 2020 unterzeichnet: das größte Freihandelsabkommen der Welt ist entstanden. Am 1. Januar 2022 ist RCEP in Kraft getreten.

[...] Beim RCEP handelt es sich um eine Freihandelszone und nicht um eine Zollunion. Daher bleiben die jeweiligen nationalen Zolltarife der Teilnehmerstaaten erhalten. Die bestehenden Zölle zwischen den RCEP-Ländern werden für Ursprungserzeugnisse dieser Länder abgebaut. Die Zollhöhe ist dabei sehr unterschiedlich: Zwischen den ASEAN-Staaten gibt es bereits bislang fast keine Zölle, auch deren Zolltarife gegenüber Drittstaaten sind niedrig. Die größten Ersparnisse wird es im Handel zwischen China und Japan sowie zwischen Japan und Südkorea geben. [...]

https://www.ihk.de/stuttgart/fuer-unternehmen/international/import-export/warenursprung/zollvorteile-praeferenzen/handelsabkommen/rcep-handelsabkommen-5570158

M 3 RCEP: Chancen und Risiken für europäische Unternehmen

Chancen	Risiken
Europäische Unternehmen, die in der RCEP-Region produzieren, können zollfrei in einen riesigen Markt exportieren. ...	Produktion und Handel von/mit technischen Gütern in der RCEP-Region werden günstiger als Importe aus der EU. ...

1. Sammelt mögliche Belege für ein „asiatisches Jahrhundert“ (M 1).
2. Charakterisiert die Freihandelszone RCEP. (M 2)
3. a. Sammelt weitere Chancen und Risiken für europäische Unternehmen. (M 3)

   b. „RCEP schwächt die Wettbewerbsposition der EU.“ Erörtert diese These.

978-3-589-16953-5 | Jonas Rau | Themenhefte Sekundarstufe – Globalisierung in Wirtschaft und Politik

4 | (Handels-)Kriege, Energiekrise, Pandemie … – Globalisierung in der Polykrise

ZUM THEMA

Nicht wenige Expert/-innen beobachten seit Längerem gewisse Krisensymptome im Globalisierungsprozess; der nahezu ungebremste Siegeszug der Globalisierung nach 1990 scheint mit und seit der weltweiten Finanz- und Wirtschaftskrise Dämpfer erfahren zu haben. Exemplarisch genannt seien (Handels-)Kriege, die Energiekrise, die Coronapandemie – manche sprechen von einer Polykrise, die (auch) die Globalisierung stark beeinflusst. Erleben wir auch mit Blick auf die weltwirtschaftliche Vernetzung eine Zeitenwende? Und welches Gesicht zeigt die Globalisierung in der Polykrise?

Die weltweite Coronapandemie stellte vermeintliche Gewissheiten und Selbstverständlichkeiten des (weltweiten) Wirtschaftens mit einer nie dagewesenen Wucht und Schnelligkeit radikal infrage. Im Gegensatz zu den meisten anderen Krisen betrafen die infolge der Pandemie verhängten Lockdowns praktisch alle Länder der Welt, sorgten für massive Störungen der globalen Lieferketten und zeigten unerbittlich die Interdependenzen im globalen Wirtschaftsprozess auf. Besonders stark wirkte sich Chinas Null-Covid-Strategie aus – Bilder vom Containerstau im Hafen von Shanghai gingen um die Welt und wurden zum Sinnbild gestörter Lieferketten. Wie diese resilienter gestaltet werden können, wurde zu einer Kernfrage in vielen Unternehmen.

Der russische Angriffskrieg auf die Ukraine stürzte die Welt, ohne dass die Coronakrise bereits überwunden worden wäre, im Februar 2022 in die nächste Krise. Neben dem unmittelbaren Leid für Millionen Ukrainer hatte und hat der Krieg auch massive Auswirkungen auf die Nahrungsmittelversorgung, insbesondere in Ländern des Globalen Südens, vor allem Afrikas. Stark steigende Getreidepreise und ausbleibende Exporte aus der Ukraine verschärften die ohnehin aus verschiedenen Gründen angespannte Nahrungsmittelversorgung in einigen der ärmsten Länder der Welt. Um diese nachhaltig zu verbessern, werden unterschiedliche Maßnahmen diskutiert: Schuldenerlasse, Getreidekontingente, günstige Kredite durch die Weltbank, Verbot der Spekulation mit Nahrungsmitteln etc. Neben der Nahrungsmittelkrise in Ländern des Globalen Südens löste der Ukrainekrieg auch eine Energiekrise in Europa aus, insbesondere Deutschland wurde wegen der hohen Abhängigkeit von russischen Gasimporten hart getroffen. Ob diese Energiekrise zugleich eine Chance für Afrika darstellt, wird kontrovers diskutiert.

Die hohe Bedeutung moderner Chips zeigte sich nicht nur während der Coronakrise – nicht verfügbare Chips legten teilweise die Produktion lahm –, sie sind auch zunehmend Gegenstand handelspolitischer Strategien der USA und Chinas. Letztlich geht es um die globale Konkurrenzfähigkeit im High-Tech-Sektor, die auch eine militärstrategische Komponente hat (Militärtechnologie). Auf die Initiative „Made in China 2025“ reagierten die USA 2022 mit dem CHIPS and Science Act; vor diesem Hintergrund stellt sich wiederum die grundsätzliche Frage nach Freihandel vs. Protektionismus.

In diesen Kontext fällt auch die im Juli 2023 definierte China-Strategie der Bundesregierung, in der China als Partner, Wettbewerber und systemischer Rivale bezeichnet wird. Welche wirtschafts- und handelspolitischen Folgen resultieren daraus? De-Risking ja, De-Coupling nein – wie sich diese verlautbarte Maxime praktisch realisieren wird und lässt, bleibt abzuwarten, insbesondere angesichts der Tatsache, dass China mittlerweile Deutschlands wichtigster Handelspartner ist.

DIDAKTISCHE HINWEISE

Die **KV 25** widmet sich den Folgen der chinesischen Null-Covid-Strategie sowie möglichen Unternehmensstrategien, um auf die massive Störung von Lieferketten zu reagieren. Ausgehend von M 1 begründen die Schülerinnen und Schüler, weshalb Chinas Strategie insbesondere Deutschland hart traf; mithilfe von M 2 erläutern sie, inwiefern bestimmte Strategien die Lieferketten resilienter machen können. Darauf aufbauend lassen sich Chancen und Risiken regionaler Lieferketten erörtern (M 3).

Die **KV 26** und **KV 27** sind doppelseitig konzipiert. Nach einer Analyse der russischen und ukrainischen Exportmengen (M 1) und der Entwicklung der Getreidepreise M 2 (beide in KV 26) sammeln die Schülerinnen und Schüler weitere Ursachen für die angespannte Nahrungsmittelversorgung in vielen afrikanischen Staaten. In der sich anschließenden KV 27 vertiefen sie den Blick auf diese Ursachen (M 1) und diskutieren verschiedene im Text skizzierte Maßnahmen zu einer Verbesserung der Nahrungsmittelversorgung.

Die **KV 28** nimmt in den Blick, welche Implikationen die Energiekrise in Europa für Afrika haben könnte. Zunächst beziehen die Schülerinnen und Schüler spontan Stellung, ob die Energiekrise eine Chance für Afrika darstellt (M 1) – so können die Präkonzepte der Lerngruppe ermittelt werden. Ausgehend von M 2 erörtern sie im Anschluss die Leitfrage.

Auch die **KV 29** und **KV 30** lassen sich gut doppelseitig einsetzen. Es sollte mit KV 29 begonnen werden: Anhand der Grafiken in M 1 analysieren die Schülerinnen und Schüler die internationale Chipindustrie. In einem zweiten Schritt überlegen sie, weshalb die Chip-Produktion von Staaten als (handels-)politisches Machtinstrument eingesetzt werden kann. Die KV 30 nimmt nun den CHIPS and Science Act der USA in den Fokus. Mithilfe von M 1 informieren sich die Schülerinnen und Schüler über dessen Ziele und Maßnahmen, um anschließend aktuelle Entwicklungen im „Chip-Krieg“ zwischen den USA und China zu recherchieren. Vor dem Hintergrund der grundsätzlichen Kontroverse „Freihandel vs. Protektionismus“ erörtern sie zum Abschluss die US-amerikanische Strategie des „Decoupling and Containment“.

Ebenfalls für einen doppelseitigen Einsatz prädestiniert erscheinen die **KV 31** und **KV 32**. Die KV 31 schafft die Grundlagen zur Auseinandersetzung mit der China-Strategie der Bundesregierung: Anhand von M 1 erläutern die Schülerinnen und Schüler diese Strategie. In der KV 32 werfen sie nun einen kritischen Blick auf die China-Strategie, zunächst durch Analyse zweier Karikaturen (M 1 und M 2). Im Anschluss diskutieren sie vorgegebene Positionen zur China-Strategie (M 3), um abschließend die Urteilsbildung kriteriengestützt zu vertiefen.

Chinas Null-Covid-Strategie – wie reagieren?

Chinas Null-Covid-Strategie zielte darauf ab, die Infektionszahlen möglichst schnell auf Null abzusenken. Hierzu wurden bereits bei vereinzelten Coronaausbrüchen sehr strenge Maßnahmen wie harte Lockdowns, Ausgangssperren, Kontrollen usw. verhängt – mit gravierenden Folgen für die chinesische und weltweite Wirtschaft.

M 1 Wichtigste Handelspartner Deutschlands nach dem Gesamtvolumen des Außenhandels (Exporte + Importe) im Jahr 2022 (in Mrd. Euro)

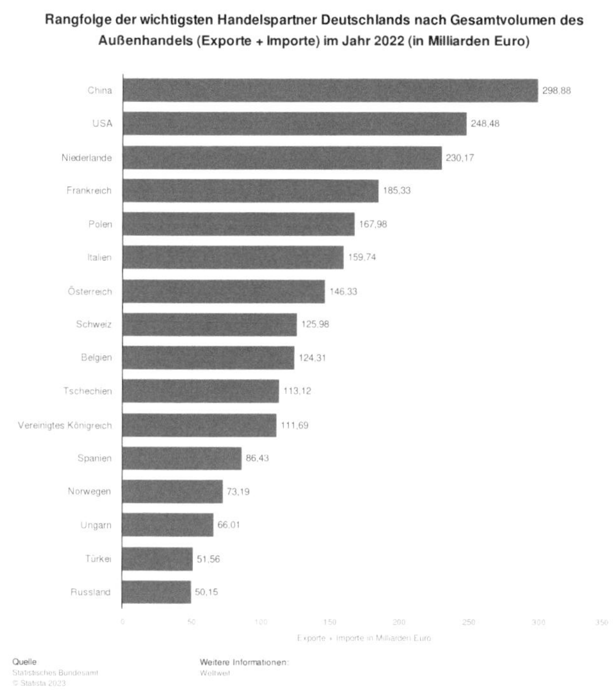

Statista 2023; Quelle: Statistisches Bundesamt

M 2 Diversifizierung der Lieferketten

Diversifizierung bezeichnet hier eine Unternehmensstrategie zur Absicherung der Lieferketten gegen verschiedene Ausfallrisiken. Hierfür stehen unterschiedliche Wege zur Verfügung:

- Neue oder zusätzliche Lieferanten
- Erhöhung der Lagerhaltung, Reduzierung der Just-in-time-Produktion
- Lieferanten auf mehrere Länder verteilen
- Verkürzung von Lieferwegen (z. B. Rückverlagerung von Produktion ins benachbarte Ausland, sog. Nearshoring)
- Rückverlagerung von Produktion ins eigene Land (sog. Reshoring)
- …

M 3 Regionale Lieferketten – De-Globalisierung durch Corona?

Chancen	Risiken
Kurze Lieferwege reduzieren die Anfälligkeit der Lieferkette.	Regionale Lieferanten sind nur begrenzt verfügbar.
Kürzere Lieferketten sind ökologisch nachhaltiger.	Regionale Lieferanten sind oft teurer, was die Produktionskosten steigert.
…	…

1. Erläutert Folgen harter Lockdowns in China für die globalen Lieferketten.
2. Begründet ausgehend von M 1, weshalb solche Lockdowns die deutsche Wirtschaft besonders schwer trafen.
3. Erläutert, inwiefern bestimmte Strategien die Lieferketten „sicherer“ machen. (M 2)
4. Erörtert ausgehend von M 3 Chancen und Risiken regionaler Lieferketten.

978-3-589-16953-5 | Jonas Rau | Themenhefte Sekundarstufe – Globalisierung in Wirtschaft und Politik

Ukrainekrieg – Nahrungsmittelkrise in Afrika (I)

Der am 24. Februar 2022 begonnene russische Angriffskrieg auf die Ukraine bedeutet nicht nur unermessliches Leid – Tod, Zerstörung, Flucht – für die ukrainische Bevölkerung, sondern hat auch Folgen für die globale Nahrungsmittelversorgung. Besonders gravierend zeigen sich die Auswirkungen in Ländern des Globalen Südens, allen voran Afrikas.

M 1 Ukraine und Russland – Anteil an der weltweiten Exportmenge

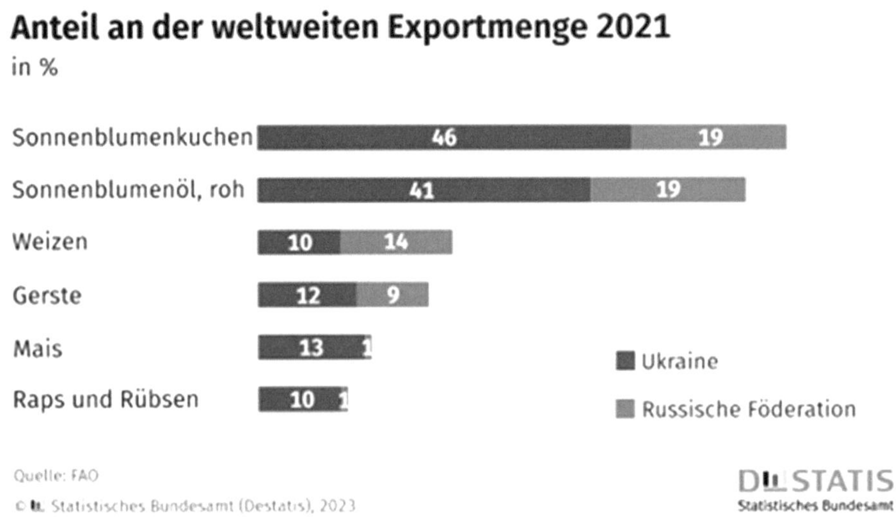

M 2 Entwicklung der Einfuhrpreise von Getreide

1. Analysiert M 1 und M 2.
2. Nicht nur der Ukrainekrieg belastet die angespannte Nahrungsmittelversorgung vieler afrikanischer Staaten. Sammelt weitere Ursachen.

978-3-589-16953-5 | Jonas Rau | Themenhefte Sekundarstufe – Globalisierung in Wirtschaft und Politik

Ukrainekrieg – Nahrungsmittelkrise in Afrika (II)

M 1 Wetten auf Hunger

[...] Dass die hohen Weizenpreise so fatale Folgen für arme Länder haben, liegt auch an falscher Entwicklungspolitik. Das darf man in dem Zusammenhang nicht außen vor lassen. Zu viele Länder sind in einer gefährlichen Sackgasse: hohe US-Dollarschulden, hohe Importabhängigkeit bei Energie, Medizin und Lebensmitteln und dazu eine eigene Landwirtschaft, die auf Exporte für den Weltmarkt statt auf Selbstversorgung für zu Hause ausgelegt ist. Statt Getreide zur Selbstversorgung werden Cash-Crops wie Kaffee, Tabak oder Baumwolle für den Weltmarkt angebaut. Häufig in intensiver Landwirtschaft, die den Boden verhunzt und abhängig von Dünger, Saatgut und Pestiziden wird, die wieder aus dem Ausland eingekauft werden müssen. Die Cash-Crops sollen US-Dollar bringen, um die Auslandsschulden zu bedienen. Wenn aber Importpreise für Energie und Nahrung durch die Decke gehen, entwickelt sich diese Abhängigkeit zur Todesspirale. [...]

Dringend muss gehandelt werden, auch Deutschland ist in der Pflicht. Dabei gibt es ganz verschiedene Hebel. Zum einen muss dafür gesorgt werden, dass der Weizen aus der Ukraine aus dem Hafen laufen kann und auch Putin seinen Ausfuhrstopp für Weizen und Dünger aufgibt. Diplomatie und Verhandlungsgeschick sind gefragt. [...]

Ebenso muss den Ländern, die besonders von Knappheiten und Preissteigerungen [betroffen] sind, pragmatisch geholfen werden. Schuldenerlasse, günstige Kredite, Weizenkontingente – alle Optionen gehören auf den Tisch.

Dazu muss die Spekulation unterbunden werden, indem physische Händler von Spekulanten getrennt und die Höhe der Positionen noch stärker begrenzt werden. Die einfache Daumenregel muss sein: Wer nicht nachweisen kann, dass er Weizen anbauen, ernten, lagern oder transportieren kann, der ist ein Spekulant und hat am Markt nichts verloren. Es braucht hier harte Regeln. [...] Spekulation mit Nahrungsmitteln und Rohstoffen gehört schlicht verboten [...].

Langfristig braucht es eine neue Entwicklungspolitik, die sich von der stumpfen Exportorientierung loslöst und vor allem in der Landwirtschaft auf nachhaltige Selbstversorgung setzt. Auch der internationale Handel muss sich ändern, hier hängt wegen der Globalisierung eben vieles mit vielem zusammen. Weltbank und IWF werden ihrer Rolle nicht gerecht. Ausgaben für Entwicklungshilfe sollten in Deutschland von der Schuldenbremse ausgenommen und deutlich ambitionierter werden!

Maurice Höfgen, Wetten auf Hunger (05.06.2022), in: https://mauricehoefgen.substack.com/p/weizen-hunger-ukraine-putin-krise

1. Ergänzt die Ursachen für die Nahrungsmittelkrise in Afrika um die in M 1 genannten.
2. a. „Dringend muss gehandelt werden [...]. Dabei gibt es ganz verschiedene Hebel." (M 1) Arbeitet diese Hebel heraus.

   b. Diskutiert die vorgeschlagenen Maßnahmen.

978-3-589-16953-5 | Jonas Rau | Themenhefte Sekundarstufe – Globalisierung in Wirtschaft und Politik

Energiekrise in Europa – Chance für Afrika?

M 1 Energiekrise in Europa

Die infolge des Ukrainekrieges ausbleibenden Gaslieferungen aus Russland ließen die Energiepreise in Europa, v. a. in Deutschland, extrem ansteigen. Zugleich zeigte sich die starke Abhängigkeit von billigem russischem Gas. Die Bundesregierung reagierte: Zum einen mit der Erschließung neuer Lieferanten fossiler Energieträger, zum anderen mit der Beschleunigung der Energiewende hin zu erneuerbaren Energien.

M 2 Energiewende nur MIT Afrika

Noch vor [Kurzem] drängte Europa die afrikanischen öl- und gasproduzierenden Staaten den Übergang zu grünen Energiequellen zu beschleunigen und zu forcieren. Mit dem russischen Angriffskrieg in der Ukraine und dem Willen der europäischen Staaten, schnellstmögliche Unabhängigkeit von russischem Öl und Gas zu erlangen, rückt die Forderung nach der grünen Energiewende jedoch in den Hintergrund. Doch die Suche der Industriestaaten nach fossilen Brennstoffen außerhalb Russlands gefährdet die Energiewende Afrikas. [...]

So standen Gasimporte bei der Afrikareise von Bundeskanzler Scholz im Mai [2022] zum Beispiel ganz oben auf der Agenda. [...]

Doch von dem europäischen Sinneswandel profitiert die breite Masse der afrikanischen Bevölkerung am Ende am wenigsten. Denn das klassische extraktive Exportmodell trägt nur wenig zur Entwicklung afrikanischer Länder bei, wenn das Gas nicht für die eigene Industrie genutzt wird. Darüber hinaus wird der europäische Bedarf für Gas, sofern die Länder der EU ihre Ausbaupläne für erneuerbare Energien und grünen Wasserstoff umsetzten, mittel- bis langfristig stark zurückgehen. Damit drohen Teile von heute gebauter Gasinfrastruktur, deren Kosten sich oft erst über Jahrzehnte decken, sogenannte „stranded assets" (dt. „gestrandete Vermögenswerte") zu werden – also Vermögenswerte, deren Ertragskraft oder Marktwert drastisch sinkt, bis hin zu ihrer weitgehenden oder vollständigen Wertlosigkeit.

Wenn also in Afrikas Erdgas investiert wird, dann sollte der Brennstoff nicht einzig und allein zu Exportzwecken gefördert werden, sondern zum Großteil für die Industrialisierung des Kontinents reserviert bleiben. [...]

Gleichzeitig braucht es Investitionen in Afrikas erneuerbare Energien. Der afrikanische Kontinent verfügt über 40 Prozent des weltweiten Potenzials für grünen Strom. Allerdings gehen nur etwa zwei Prozent der weltweiten Erneuerbaren-Investitionen nach Afrika. [...]

Die internationale Staatengemeinschaft muss Afrika daher deutlich stärker auch im Ausbau einer nachhaltigen Energiewirtschaft unterstützen. Denn ausgehend von dem enormen Potenzial erneuerbarer Energien hat Afrika die Möglichkeit, zukünftig eine zentrale Rolle bei der Erzeugung und dem Export von Strom und anderen Energieträgern [...] zu spielen und so [...] in doppelter Hinsicht von der Energiewende zu profitieren.

Engergiewende nur MIT Afrika (21.09.2022), https://www.gemeinsam-fuer-afrika.de/energiewende-nur-mit-afrika/

1. Bezieht spontan Stellung: Ist die Energiekrise eine Chance für Afrika? (M 1)
2. Erörtert ausgehend von M 2, ob die Energiekrise eine Chance für Afrika darstellt.

978-3-589-16953-5 | Jonas Rau | Themenhefte Sekundarstufe – Globalisierung in Wirtschaft und Politik

Chip-Krieg USA vs. China (I)

Wenn der Nachschub an Chips ins Stocken gerät, so bekommt die Weltwirtschaft ein Problem – dies zeigte sich nicht zuletzt in der Coronakrise. In unzähligen technischen Produkten stecken die winzig kleinen Halbleiter-Bauteile, zum Teil in großer Anzahl. Ohne sie läuft in vielen Bereichen gar nichts, was sie zu einem begehrten Vorprodukt macht.

M 1 Die Chipindustrie

Statista 2023; Quellen: Unternehmensangaben, Gartner

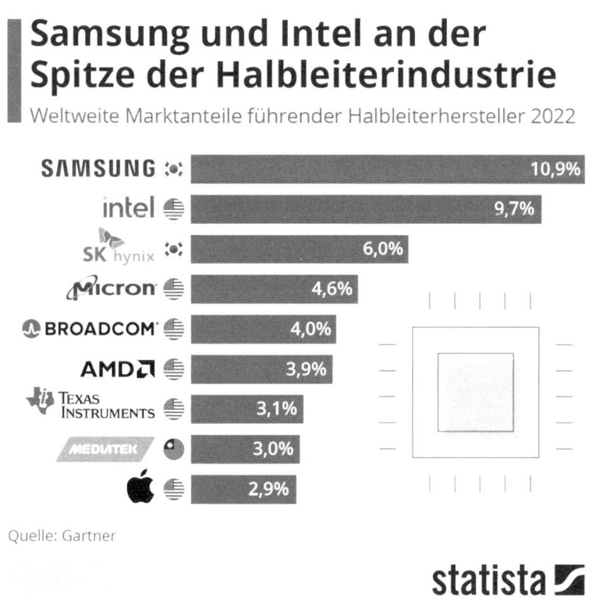

Statista 2023; Quelle: Gartner

1. Analysiert die internationale Chipindustrie. (M 1)
2. Überlegt, weshalb die Chip-Produktion von Staaten als (handels-)politisches Machtinstrument eingesetzt werden kann.

978-3-589-16953-5 | Jonas Rau | Themenhefte Sekundarstufe – Globalisierung in Wirtschaft und Politik

Chip-Krieg USA vs. China (II)

M 1 Der CHIPS and Science Act

Im August 2022 wurde vom Kongress der CHIPS and Science Act verabschiedet […]. Damit wird auch auf Pekings „Made in China 2025"-Initiative reagiert. Ziel des Gesetzpakets ist es, die amerikanische Konkurrenzfähigkeit im Hochtechnologiesektor zu steigern. Das erste Element, der CHIPS Act, umfasst die Bereitstellung von 52,7 Milliarden US-Dollar, mit denen die Produktion von Computerchips in den Vereinigten Staaten gefördert werden soll. Davon sind 39 Milliarden US-Dollar eingeplant, um die Hersteller von Computerchips zum Ausbau der heimischen Produktion zu bewegen – durch finanzielle Anreize wie Subventionen, Kredite, Kreditgarantien und Steuererleichterungen. Mit 13,2 Milliarden US-Dollar will man Forschung und Entwicklung sowie Ausbildung in den dafür relevanten Feldern fördern. Dadurch soll das Land unabhängiger von Lieferanten in Asien werden. Halbleiterhersteller wie Intel, TSMC und Samsung haben bereits angekündigt, neue Werke in den USA zu gründen. Das zweite Element des Pakets, der Research and Development, Competition, and Innovation Act, stellt weitere 170 Milliarden US-Dollar für Forschung und Entwicklung in relevanten Bereichen bereit. Dazu gehören Künstliche Intelligenz (AI), Halbleiter, Quantencomputing, Robotik […]. Das Gesetz hat drei intendierte Effekte. Es soll erstens die Resilienz des amerikanischen Technologiesektors gegen Lieferausfälle verbessern, zweitens […] die heimische Industrie durch attraktive Arbeitsplätze stärken und drittens die technologische Konkurrenzfähigkeit gegenüber China erhöhen.

[…] Am 21. Oktober 2022 verkündete die Biden-Administration neue Exportkontrollen für bestimmte Arten von Computerchips. Nachdem die US-Regierung lange erfolglos zu verhindern gesucht hatte, dass aus den USA bezogene Chips für chinesische Militärtechnologie verwendet werden, führte sie für die Ausfuhr mancher Halbleiter eine Lizenzpflicht ein. […]

Mit dem CHIPS Act und den Exportkontrollen für Halbleiter verleiht die Biden-Administration zwei Konzepten Substanz […]: Decoupling [Entkopplung] und Containment [Eindämmung]. Seit der Ansatz als gescheitert gilt, durch enge Beziehungen und wirtschaftlichen Austausch einen Wandel in Pekings Politik herbeizuführen, wird kontrovers diskutiert, wie weit man bei der Entkoppelung der amerikanischen Wirtschaft von der chinesischen gehen soll. Dazu gehört auch die Frage, inwiefern der technologische Fortschritt Chinas und der damit verbundene Wirtschaftsaufstieg des Landes aktiv zu behindern sind. […]

Hanns W. Maull, Angela Stenzel, Johanns Thimm: USA und China auf Kollisionskurs, SWP-Studie 2023/S 02, https://www.swp-berlin.org/publications/products/studien/2023S02_USA_China.pdf, Seite 28 f.

1. Stellt Ziele und Maßnahmen des CHIPS and Science Act dar. (M 1)
2. Recherchiert aktuelle Entwicklungen im „Chip-Krieg" zwischen den USA und China.
3. Freihandel vs. Protektionismus? Erörtert die US-amerikanische Strategie des „Decoupling und Containment" (M 1).

978-3-589-16953-5 | Jonas Rau | Themenhefte Sekundarstufe – Globalisierung in Wirtschaft und Politik

China und Deutschland – Partner oder Rivalen? (I)

2023 stellte die Bundesregierung erstmals eine umfassende China-Strategie vor. Darin definiert die Bundesregierung China als Partner, Wettbewerber und systemischen Rivalen.

M 1 China: Partner, Wettbewerber, systemischer Rivale

China übt auf sämtliche Kernfragen unserer Weltordnung einen entscheidenden Einfluss aus. Die Bundesregierung sucht die **Zusammenarbeit** mit China, insbesondere als unverzichtbarer Akteur für die Lösung zentraler globaler Herausforderungen: China ist der größte CO_2-Emittent weltweit. Ohne China wird die Klimakrise nicht zu bewältigen sein [...]. Die Bundesregierung wird die Chancen der Zusammenarbeit nutzen.

Die **Wirtschafts- und Handelsbeziehungen** bleiben ein wichtiger Bestandteil der bilateralen Zusammenarbeit mit China. Die Bundesregierung tritt dafür ein, dass sie fairer, nachhaltiger und reziproker werden. China ist Deutschlands größter einzelner Handelspartner, wobei Abhängigkeiten Chinas von Europa stetig abnehmen, während Deutschlands Abhängigkeiten von China in den vergangenen Jahren an Bedeutung gewonnen haben.

Den **Wettbewerb** mit China nimmt Deutschland an. [...] Es ist nicht unsere Intention, den wirtschaftlichen Fortschritt und die wirtschaftliche Entwicklung Chinas zu behindern. Dennoch ist eine Minderung von Risiken *(De-Risking)* dringend geboten; eine Entkopplung unserer Volkswirtschaften *(De-Coupling)* lehnen wir hingegen ab.

Die **systemische Rivalität** zeigt sich darin, dass Deutschland und China in wichtigen Bereichen unterschiedliche Vorstellungen über die Prinzipien der internationalen Ordnung haben. Mit Sorge betrachtet die Bundesregierung Bestrebungen Chinas, die internationale Ordnung entlang der Interessen seines Einparteiensystems zu beeinflussen und dabei auch Grundfesten der regelbasierten Ordnung, wie bspw. die Stellung der Menschenrechte, zu relativieren. [...]

Chinas Entscheidung, das Verhältnis zu **Russland** auszubauen, ist für Deutschland von unmittelbarer sicherheitspolitischer Bedeutung. Im Indo-Pazifik beansprucht China immer offensiver eine regionale Vormachtstellung und stellt dabei völkerrechtliche Grundsätze infrage.

Seine Wirtschaftskraft setzt China gezielt ein, um seine politischen Ziele zu verwirklichen. [...]

China vereint große **wirtschaftliche, technologische, militärische und politische Macht** auf sich. [...] Die Bundesregierung vertraut auf die Stärken von Deutschlands und Europas demokratischer Grundordnung und der sozialen Marktwirtschaft. Systemische Rivalität mit China bedeutet nicht, dass keine Zusammenarbeit möglich ist. Im Gegenteil: Die Bundesregierung sucht die Zusammenarbeit, zu fairen Bedingungen. [...]

China-Strategie der Bundesregierung, Stand 2023, S. 10 f., in: https://www.auswaertiges-amt.de/blob/2608578/2b2effbc0886ef7ae0b22aaeacf199be/china-strategie-data.pdf, Seite 10 f.

1. „Partner, Wettbewerber, systemischer Rivale" – wie seht ihr das Verhältnis zwischen Deutschland und China? (M 1)
2. De-Risking ja, De-Coupling nein – erläutert die China-Strategie der Bundesregierung. (M 1)

978-3-589-16953-5 | Jonas Rau | Themenhefte Sekundarstufe – Globalisierung in Wirtschaft und Politik

China und Deutschland – Partner oder Rivalen? (II)

M 1 China-Strategie

Jürgen Janson

M 2 Endlich Tacheles

dpa Picture-Alliance/dieKLEINERT/dieKLEINERT.de/Martin Erl

M 3 Positionen zur China-Strategie

1. Es bleibt unscharf, was genau unter De-Risking zu verstehen ist.
2. Die China-Strategie wird die Spaltung der Welt weiter vorantreiben.
3. China ist Deutschlands wichtigster Handelspartner – da erscheint die Bezeichnung „systemischer Rivale“ unangebracht.
4. China spielt in der Globalisierung nach eigenen, oft auch unfairen Regeln. Deshalb braucht es eine China-Strategie, die sich an klaren Werten orientiert.
5. Für exportstarke deutsche Unternehmen ist die Strategie ein klares Geschäftsrisiko – China ist mittlerweile für viele der wichtigste Markt.
6. Freier Handel und Austausch von Waren, Dienstleistungen und Knowhow sorgt auf beiden Seiten für mehr Wohlstand – eine klassische Win-win-Situation.
7. Vor dem Hintergrund des russischen Angriffskriegs gegen die Ukraine ist es wichtig, dass Deutschland klar Position bezieht – auch als Zeichen gegen eine mögliche Annexion Taiwans durch China.
8. Der Schutz der Menschenrechte wird in China nicht immer großgeschrieben. Wirtschaftliche Interessen dürfen nicht über die Geltung der Menschenrechte gesetzt werden, hier setzt die Strategie ein klares Signal.
9. ...

1. Erläutert jeweils die Aussage der Karikaturen M 1 und M 2.
2. Diskutiert die in M 3 genannten Positionen zur China-Strategie.
3. Bewertet die China-Strategie der Bundesregierung ausgehend von den vorliegenden Materialien.
4. „Partner, Wettbewerber, systemischer Rivale“ – begründet abschließend, welcher Begriff eurer Meinung nach am ehesten das Verhältnis zwischen Deutschland und China beschreibt.

978-3-589-16953-5 | Jonas Rau | Themenhefte Sekundarstufe – Globalisierung in Wirtschaft und Politik

5 | Globale Problemfelder – (wie) lässt sich Globalisierung nachhaltig gestalten?

ZUM THEMA

Mangelnde Nachhaltigkeit in sozialer und ökologischer Hinsicht ist einer der zentralen Kritikpunkte, die beispielsweise von NGOs dem Globalisierungsprozess vorgeworfen werden. (Wie) Lässt sich die Globalisierung nachhaltig gestalten? Diese Leitfrage überspannt das fünfte Kapitel dieses Bandes. Politische und zivilgesellschaftliche Initiativen zur Förderung einer nachhaltigen Globalisierung gibt es reichlich; einige davon werden in den folgenden Kopiervorlagen näher beleuchtet.

Die von den Vereinten Nationen im Rahmen der Agenda 2030 formulierten 17 Ziele für nachhaltige Entwicklung (engl. Sustainable Development Goals, SDGs) adressieren drei Dimensionen von Nachhaltigkeit: ökologisch, sozial, ökonomisch. Sie lösten 2016 die Millenniums-Entwicklungsziele (MDGs) ab und gelten, im Gegensatz zu den MDGs, für alle Staaten. Zur Konkretisierung wurden für die 17 Ziele zahlreiche Zielvorgaben definiert. Ob sich diese bis 2030 (näherungsweise) realisieren lassen, bleibt offen; insbesondere reichen Industriestaaten wird mitunter vorgeworfen, sie unternähmen zu wenig, um auch Entwicklungsländer bei der Erreichung der Ziele zu unterstützen.

Ebenfalls eine Initiative der UN stellt der UN Global Compact (UNGC) dar, dem Unternehmen und politische, wissenschaftliche und zivilgesellschaftliche Organisationen beitreten können. Sie verpflichten sich hierbei selbst, zu einer inklusiven und nachhaltigeren Wirtschaft beizutragen, wofür sie geeignete Aktivitäten entwickeln sollen. Im Gegenzug dürfen sie das blaue Label des UNGC tragen. Die zehn Prinzipien des Global Compact lassen sich vier Bereichen zuordnen: Menschenrechte, Arbeitsnormen, Umwelt, Korruptionsprävention. Kritiker bemängeln die fehlende Verbindlichkeit und die fehlenden Sanktionsmöglichkeiten; nicht selten fällt in diesem Kontext der Vorwurf des so genannten „Bluewashing".

Auch die Kernarbeitsnormen der Internationalen Arbeitsorganisation ILO, einer Sonderorganisation der UN, entstanden im Rahmen der Vereinten Nationen. Aufbauend auf fünf Grundprinzipien hat die ILO einige Übereinkommen getroffen, bspw. über das Mindestalter von Beschäftigten; Staaten, welche die Übereinkommen ratifiziert haben, verpflichten sich zu deren Einhaltung. Die häufig geforderte weitere Verschärfung der Arbeitsstandards wird v. a. mit Blick auf mögliche Wettbewerbsnachteile von Entwicklungsländern kontrovers diskutiert.

Ebenso umstritten ist, je nach Perspektive, nach welchen Kriterien die Lieferketten gestaltet bzw. optimiert werden sollten – welchen Stellenwert haben hierbei ökonomische, ökologische und soziale Aspekte? Das Lieferkettensorgfaltspflichtengesetz (kurz: Lieferkettengesetz) gilt ab 2023 für Unternehmen mit mind. 3000, ab 2024 auch für Unternehmen mit mind. 1000 Beschäftigten. Es soll Menschenrechte und ökologische Belange in den globalen Lieferketten stärken und verpflichtet die betroffenen Unternehmen zur Einhaltung definierter Standards. Trotz der überwiegenden Bejahung des grundsätzlichen Anliegens erhielt das Lieferkettengesetz auch scharfe Kritik aus der Wirtschaft, nicht zuletzt mit Blick auf den bürokratischen Aufwand.

Die ökologische Nachhaltigkeit fokussiert das 2015 beschlossene Pariser Klimaabkommen; Kritiker bezweifeln, dass es hiermit gelingen wird, den Anstieg der Erderwärmung auf 1,5°C zu begrenzen. Insbesondere Industrieländern wird in diesem Zusammenhang oft vorgeworfen, sie unternähmen zu wenig in dieser Richtung, gerade auch mit Blick auf die Finanzierung von Klimafonds.

Der Megatrend der Digitalisierung, welcher janusköpfig sowohl das Potenzial hat, die Globalisierung zu beschleunigen, als auch sie zu bremsen, sorgt aufgrund beobachtbarer globaler Schieflagen (Dominanz großer Tech-Konzerne, fehlender Internetzugang für viele Menschen in Entwicklungsländern etc.) ebenfalls für Kritik.

(Wie) Kann die Digitalisierung fair gestaltet werden? Hierzu wurden verschiedene Vorschläge für eine inklusivere Digitalisierung formuliert. Im OECD- und G20-Rahmen wurde 2021 eine globale Mindeststeuer für Großkonzerne beschlossen, die ab 2023 greifen und fragwürdigen Praktiken der internationalen Steuergestaltung einen Riegel vorschieben soll. Auch hierbei lassen sich zahlreiche Stärken und Schwächen abwägen.

DIDAKTISCHE HINWEISE

Die **KV 33** nimmt die Ziele für nachhaltige Entwicklung in den Blick, welche von den Schülerinnen und Schülern recherchiert und diskutiert werden.

Für eine doppelseitige Verwendung sind die **KV 34 und 35** konzipiert. Zunächst charakterisieren und erläutern die Schülerinnen und Schüler den UN Global Compact auf Grundlage von M 1 und M 2 (KV 34), um sich anhand von KV 35 mit dessen Stärken und Schwächen auseinanderzusetzen (M 1). Abschließend diskutieren sie den Vorwurf des sog. „Bluewashing“. (M 2)

Anhand von **KV 36** setzen sie sich mit den ILO-Kernarbeitsnormen auseinander: Nach einer arbeitsteiligen Recherche zu verschiedenen ILO-Übereinkommen (M 2) erörtern sie, ausgehend von M 3, die Forderung nach schärferen Arbeitsstandards.

Auch die **KV 37 und 38** lassen sich sinnvoll doppelseitig einsetzen. Mithilfe von M 1 auf KV 37 erarbeiten sich die Schülerinnen und Schüler zunächst den typischen Aufbau einer Lieferkette. Anschließend versetzen sie sich in die in die Rolle von Supply Chain Managern und begründen, nach welchen Kriterien sie „ihre“ Lieferkette optimieren würden; diese Optimierungen lassen sich kontrovers diskutieren. Darauf aufbauend fokussiert die KV 38 das deutsche Lieferkettensorgfaltspflichtengesetz, dessen Vor- und Nachteile (M 2) die Schülerinnen und Schüler nach Erarbeitung seiner wesentlichen Merkmale (M 1) erörtern.

Die **KV 39 bis 41** bieten sich ebenfalls für einen kombinierten Einsatz an. Die KV 39 dient der Beschäftigung mit dem Pariser Klimaabkommen, die KV 40 und 41 dienen der Vertiefung mit Blick auf die Wirksamkeit von Klimafonds. Hierzu recherchieren und diskutieren die Schülerinnen und Schüler verschiedene über den Grünen Klimafonds (KV 40, M 2) finanzierte Praxisbeispiele und bewerten diesen mithilfe von KV 41, um abschließend die Leitfrage zu diskutieren.

Die **KV 42** fokussiert das Thema Digitalisierung in der globalisierten Welt: Nach einer Analyse der regionalen Anteile am Handel mit digitalen Gütern (M 2) recherchieren die Schülerinnen und Schüler arbeitsteilig Bausteine für eine faire Digitalisierung (M 3). Nach Präsentation der Ergebnisse diskutieren sie die Leitfrage.

Die **KV 43** thematisiert die Diskussion um eine globale Mindeststeuer. Die Schülerinnen und Schüler analysieren zunächst die Unternehmensbesteuerung im OECD-Vergleich 2021 (M 1) und begründen die Relevanz von Unternehmenssteuern als Standortfaktor. Anschließend charakterisieren sie die globale Mindeststeuer für Großkonzerne (M 2), um im Anschluss deren Stärken und Schwächen zu erörtern (M 3).

Ziele für nachhaltige Entwicklung – tun wir zu wenig?

M 1 Du liegst wahrscheinlich falsch, wenn es um … geht

Extreme Armut: 1980 lebten etwa 40 % der Weltbevölkerung in extremer Armut (weniger als 2 US-Dollar pro Tag). Wie hoch ist der Anteil heute?	**Globaler Hunger:** Welcher Anteil der Weltbevölkerung verfügt nicht über genügend Nahrung, um seine täglichen Grundbedürfnisse zu befriedigen?
a) 10 %	a) ca. 11 %
b) 30 %	b) ca. 23 %
c) 50 %	c) ca. 37 %

Freie Übersetzung und eigene tabellarische Darstellung der Fakten nach: https://upgrader.gapminder.org/q/21/ und https://upgrader.gapminder.org/q/12/

M 2 Ziele für nachhaltige Entwicklung

Im Rahmen der Agenda 2030 setzten sich die Vereinten Nationen (UN) 17 Ziele für nachhaltige Entwicklung (engl. Sustainable Development Goals, SDGs), und zwar in ökologischer, sozialer und ökonomischer Hinsicht. Sie sollen bis 2030 realisiert werden und verpflichten hierauf alle Staaten.

United Nations, https://www.un.org/sustainabledevelopment/, „The content of this publication has not been approved by the United Nations and does not reflect the views of the United Nations or its officials or Member States"

1. a. Schätzt, welcher Anteil der Weltbevölkerung unter extremer Armut und Hunger leidet. (M 1)

   b. Vergleicht eure Schätzungen mit den Lösungen und diskutiert eure Schätzungen.

2. a. Recherchiert arbeitsteilig, was genau sich hinter den 17 Zielen für nachhaltige Entwicklung verbirgt. (M 2)

   b. Recherchiert darüber hinaus den Umsetzungsstand der jeweiligen Ziele.

3. *Die reichsten Staaten müssten viel mehr für die Erreichung der Nachhaltigkeitsziele tun als die Entwicklungsländer.* – Diskutiert diese Forderung.

978-3-589-16953-5 | Jonas Rau | Themenhefte Sekundarstufe – Globalisierung in Wirtschaft und Politik

UN Global Compact – Nachhaltigkeit oder „Bluewashing"? (I)

M 1 United Nations Global Compact

Auf der Grundlage 10 universeller Prinzipien und der Sustainable Development Goals verfolgt der **UN Global Compact** die Vision einer inklusiveren und nachhaltigen Wirtschaft zum Nutzen aller Menschen, Gemeinschaften und Märkte, heute und in Zukunft. Mit ihrem Beitritt zeigen bereits über 23 400 Unternehmen und Organisationen aus Zivilgesellschaft, Politik und Wissenschaft in mehr als 170 Ländern, dass sie diese Vision verwirklichen wollen. Mit dem Bekenntnis zur Nachhaltigkeit kann die Wirtschaft eine Mitverantwortung für eine bessere Welt übernehmen.

Als Initiative der Vereinten Nationen bietet der **UN Global Compact** einen einzigartigen Rahmen, um über Branchen und Grenzen hinweg über eine gerechte Ausgestaltung der Globalisierung zu diskutieren und diese Vision mit geeigneten Strategien und Aktivitäten zu verwirklichen. Dabei versteht sich die Initiative nicht als zertifizierbarer Standard oder als Regulierungsinstrument, sondern als ein offenes Forum, um Veränderungsprozesse anzustoßen und Ideen zu teilen. In nationalen Netzwerken entwickeln die Teilnehmenden konkrete Lösungsansätze […].

https://www.globalcompact.de/ueber-uns/united-nations-global-compact

M 2 Die zehn Prinzipien des Global Compact

Menschenrechte	
1.	Achtung und Schutz der Menschenrechte
2.	Keine Mitschuld an Menschenrechtsverletzungen
Arbeitsnormen	
3.	Vereinigungsfreiheit, Recht auf Kollektivverhandlungen
4.	Keine Zwangsarbeit
5.	Keine Kinderarbeit
6.	Keine Diskriminierung bei Anstellung und Erwerbstätigkeit
Umwelt	
7.	Vorsorgeprinzip bei Umweltproblemen
8.	Größeres Umweltbewusstsein fördern
9.	Umweltfreundliche Technologien entwickeln
Korruptionsprävention	
10.	Keinerlei Korruption (z. B. Erpressung, Bestechung)

UN Global Compact Netzwerk Deutschland (UN GCD)

1. *Unternehmen haben eine soziale Verantwortung: die Gewinnsteigerung.* Nehmt spontan Stellung zu dieser Aussage.
2. Charakterisiert den UN Global Compact. (M 1)
3. Erläutert anhand selbst gewählter Beispiele, welche Unternehmenspraktiken den zehn Prinzipien des Global Compact widersprächen. (M 2)

978-3-589-16953-5 | Jonas Rau | Themenhefte Sekundarstufe – Globalisierung in Wirtschaft und Politik

UN Global Compact – Nachhaltigkeit oder „Bluewashing"? (II)

M 1 Stärken und Schwächen des UN Global Compact (UNGC)

Der UNGC ist in erster Linie ein Lern- und Dialogforum, in dem ‚Best Practices' von CSR [Corporate Social Responsibility, verantwortliche Unternehmensführung], also gute Beispiele mit Vorbildfunktion, identifiziert und von anderen Unternehmen kopiert werden sollen. Alle Unternehmen im UNGC sind verpflichtet, jährlich ihr gesellschaftliches Engagement in Form von Berichten auf der Global Compact Homepage zu veröffentlichen (Communication of Progress – COP). Dabei soll über den Stand der Umsetzung der zehn Global Compact-Prinzipien sowie über die Aktivitäten zur Förderung einer nachhaltigen Entwicklung in schriftlicher Form berichtet werden. Die Berichte müssen bestimmte Kriterien erfüllen, die Inhalte werden jedoch nicht überprüft und Sanktionsmöglichkeiten fehlen weitgehend.

[...] Während die Unternehmen den freiwilligen Charakter des Paktes begrüßen und sich ihm auch deshalb gern anschließen, kritisieren zivilgesellschaftliche Organisationen gerade diese Freiwilligkeit. Sie fordern eine Überprüfung der CSR-Vorhaben der Unternehmen bzw. einen verbindlichen Ordnungsrahmen auf globaler Ebene, der auch Sanktionen nicht ausschließt. Einerseits sollen so die inaktiven von aktiven Mitgliedsunternehmen unterschieden werden, andererseits soll verhindert werden, dass die Vereinten Nationen für die Zwecke der Unternehmen vereinnahmt werden. Dies gilt insbesondere für die Unternehmen, die den UNGC zur Verbesserung ihres Images nutzen, sich gleichzeitig aber nicht an die Prinzipien des UNGC halten.

https://www.bpb.de/kurz-knapp/zahlen-und-fakten/globalisierung/52823/un-global-compact/

M 2 Was ist „Bluewashing"?

Unter sog. Bluewashing versteht man eine absichtlich irreführende Marketingstrategie eines Unternehmens. Der Name leitet sich von der typischen Farbe der Vereinten Nationen, Blau, und „Greenwashing" ab: Beim „Greenwashing" versucht ein Unternehmen ebenfalls, sein Image „grün aufzupolieren", indem es vorgibt, besonders umweltfreundlich zu handeln, was aber nicht der Realität entspricht. Der Vorwurf des „Bluewashing" richtet sich nun an Unternehmen, die Mitglied im UN Global Compact sind, sich in der Praxis jedoch nicht an die vereinbarten sozialen und ökologischen Standards halten.

1. *Mithilfe des UN Global Compact lässt sich die Globalisierung ökologisch und sozial nachhaltig gestalten.* – Nehmt spontan Stellung.
2. Betreiben Unternehmen mithilfe des UN Global Compact reines „Bluewashing"? Erörtert diese Frage ausgehend von M 1 und M 2.

978-3-589-16953-5 | Jonas Rau | Themenhefte Sekundarstufe – Globalisierung in Wirtschaft und Politik

ILO-Kernarbeitsnormen – Arbeitsstandards verschärfen?

M 1 Saubere Mode hat's schwer

Jugendliche wissen, dass die Textilproduktion Probleme verursacht. [...] Nahezu jeder (96 Prozent) hat zumindest davon gehört, dass Arbeiter in der Modeindustrie zum Teil schlecht behandelt werden. Und sie wollen mehr Information: Jeder zweite Jugendliche würde gerne mehr darüber wissen, wie die Kleidung der Lieblingsmarken hergestellt wird. [...]

Trotz Hintergrundwissen und Anregungen aus dem privaten Umfeld fällen die Jugendlichen ihre Wahl für ein Kleidungsstück spontan direkt im Laden oder Onlineshop. Das wichtigste Kriterium für den Kauf ist das Design (81 Prozent), gefolgt vom Preis (49 Prozent). [...] Textilsiegel (13 Prozent) oder Herstellungsbedingungen (11 Prozent) sind beim Kauf wenig entscheidend.

Saubere Mode hat's schwer: Repräsentative Greenpeace-Umfrage beleuchtet Modekonsum von Jugendlichen (2015), https://www.greenpeace.de/sites/default/files/publications/mode-unter-jugendlichen-greenpeace-umfrage_zusammenfassung_1.pdf, Seite 1 ff.

M 2 Die ILO-Kernarbeitsnormen

Die ILO (International Labour Organization, dt.: Internationale Arbeitsorganisation) ist eine Sonderorganisation der Vereinten Nationen. Folgende fünf Grundprinzipien prägen die Arbeit der ILO:

- Vereinigungsfreiheit und Recht auf Kollektivverhandlungen
- Beseitigung der Zwangsarbeit
- Abschaffung der Kinderarbeit
- Verbot der Diskriminierung in Beschäftigung und Beruf
- Arbeitsschutz und Arbeitssicherheit

Aufbauend auf diesen Grundprinzipien hat die ILO Übereinkommen, z. B. über das Mindestalter von Beschäftigten, getroffen. Staaten, welche die jeweiligen Übereinkommen ratifiziert haben, müssen deren Bestimmungen einhalten. 1998 wurde die „Erklärung über die grundlegenden Prinzipien und Rechte bei der Arbeit" von allen Mitgliedern der Organisation ohne Gegenstimme angenommen.

M 3 Schärfere Arbeitsstandards = fairere Globalisierung (?)

Sollten Arbeitsstandards verschärft werden? Ja, sagen Befürworter – z. B. durch Mindestlöhne oder Höchstarbeitszeiten. Verstöße sollten zudem hart sanktioniert werden. Nein, sagen Kritiker – geringere Löhne und längere Arbeitszeiten seien ein Wettbewerbsvorteil von Entwicklungsländern. Schärfere Standards könnten Unternehmen vom Markt verdrängen und so zu Arbeitslosigkeit führen. Dies komme gar einer Art Protektionismus gleich, der Industrieländer vor der billigeren Konkurrenz schütze.

1. Nehmt spontan Stellung zu den Ergebnissen der Greenpeace-Umfrage in M 1.
2. Recherchiert arbeitsteilig Übereinkommen der ILO zu den Kernarbeitsnormen. (M 2)
3. Erörtert, ausgehend von M 3, eine Verschärfung von Arbeitsstandards.

978-3-589-16953-5 | Jonas Rau | Themenhefte Sekundarstufe – Globalisierung in Wirtschaft und Politik

Die Lieferkette optimieren – möglichst günstig, möglichst fair?

M 1 Was sind Lieferketten?

Als Lieferkette (engl. *supply chain*) bezeichnet man eine Kette oder besser gesagt ein Netzwerk von Transportmitteln, durch das der möglichst ununterbrochene Transport von Gütern vom Ursprungs- zum Zielort ermöglicht wird. In einer ganz einfachen Form sieht eine Lieferkette wie folgt aus:

Lieferant → Beschaffung → Produktion → Absatz/Handel → (End-)Kunde

„Vom Erz zum Auto" – Beispiel für eine noch ungeordnete Lieferkette:
(Anmerkung: Erz ist ein wichtiger Rohstoff, um Stahl herzustellen)

- Der Automobilhersteller verarbeitet das Karosserieteil – zusammen mit vielen weiteren Teilen – zu einem Auto weiter.
- Ein Autohaus kauft das Auto vom Automobilhersteller.
- Das Bergbauunternehmen liefert Erz an ein Unternehmen, welches Stahl herstellt.
- Der Automobilzulieferer verarbeitet die Bleche zu einem Karosserieteil weiter.
- Im Stahlwerk wird das Erz eingeschmolzen, daraus stellt das Stahl-Unternehmen Blöcke her, welche zu Blechen gewalzt werden.
- Der Automobilzulieferer verkauft das Karosserieteil an einen Automobilhersteller.
- Ein Bergbauunternehmen fördert Erz.
- Das Autohaus verkauft das Auto an einen Endkunden.
- Die gewalzten Bleche verkauft das Stahlunternehmen an einen Automobilzulieferer.

M 2 Supply Chain Management

Supply Chain Management (wörtlich: Lieferketten-Management) bezeichnet ein Management-Konzept zur Steuerung aller Unternehmensaktivitäten entlang der Lieferkette. Supply Chain Manager versuchen diese stets zu optimieren – aber nach welchen Kriterien?

Kriterium	Sehr wichtig	wichtig	Weniger wichtig
Schnelle Verfügbarkeit von Vorprodukten			
Ausfall- und Liefersicherheit			
Niedrige Transportkosten			
Günstige Einkaufspreise der Vorprodukte			
Einhaltung ökologischer und sozialer Standards auch bei den Lieferanten			
...			

1. „Vom Erz zum Auto" – Bringt die Teile der Lieferkette in die richtige Reihenfolge und erläutert an diesem Beispiel den typischen Aufbau einer Lieferkette. (M 1)
2. a. Versetzt euch in die Rolle von Supply Chain Manager/-innen. Sammelt weitere Kriterien und begründet, nach welchen Kriterien ihr die Lieferkette optimieren würdet. (M 2)

   b. Diskutiert eure Gewichtungen.

978-3-589-16953-5 | Jonas Rau | Themenhefte Sekundarstufe – Globalisierung in Wirtschaft und Politik

Faire Lieferketten – sollte der Staat eingreifen?

M 1 Das Lieferkettensorgfaltspflichtengesetz, kurz: Lieferkettengesetz

Das Gesetz stärkt in globalen Lieferketten Menschenrechte und den Umweltschutz. Es verpflichtet Unternehmen in Deutschland zur Achtung von Menschenrechten durch die Umsetzung definierter Sorgfaltspflichten. Diese Pflichten gelten für den eigenen Geschäftsbereich, für das Handeln eines Vertragspartners und das Handeln weiterer (mittelbarer) Zulieferer. Damit endet die Verantwortung der Unternehmen nicht länger am eigenen Werkstor, sondern besteht entlang der gesamten Lieferkette.

Zunächst müssen Unternehmen die Risiken in ihren Lieferketten ermitteln, bewerten und priorisieren. Aufbauend auf den Ergebnissen werden eine Grundsatzerklärung veröffentlicht und Maßnahmen ergriffen, um Verstöße gegen die Menschenrechte sowie Schädigungen der Umwelt zu vermeiden oder zu minimieren. Das Gesetz legt dar, welche Präventions- und Abhilfemaßnahmen notwendig sind. Zu den weiteren Pflichten gehören auch die Einrichtung von Beschwerdekanälen für die Menschen in den Lieferketten und die regelmäßige Berichterstattung über das Lieferkettenmanagement.

Davon profitieren die Menschen in den Lieferketten, Unternehmen und auch die Konsumenten. Denn sie erhalten durch das Gesetz Rechtssicherheit und eine verlässliche Handlungsgrundlage für ein nachhaltiges Lieferkettenmanagement mit resilienten Beschaffungswegen. […]

Das Gesetz gilt ab 2023 zunächst für Unternehmen mit mindestens 3000, ab 2024 auch für Unternehmen mit mindestens 1000 Arbeitnehmerinnen und Arbeitern im Inland.

https://www.bmas.de/DE/Service/Gesetze-und-Gesetzesvorhaben/Gesetz-Unternehmerische-Sorgfaltspflichten-Lieferketten/gesetz-unternehmerische-sorgfaltspflichten-lieferketten.html

M 2 Pro und Kontra des Lieferkettengesetzes

Pro	Kontra
○ Geringe Anzahl von Unternehmen betroffen (vgl. Dominanz der kleinen und mittleren Unternehmen in Deutschland) ○ Schutz der Umwelt und bessere Arbeitsbedingungen von Millionen Menschen gefördert ○ … ○ … ○ …	○ Internationale Wettbewerbsfähigkeit deutscher Unternehmen gefährdet ○ Bürokratischer und finanzieller Aufwand (Dokumentation, Prüfung etc.) ○ Komplexität mancher Lieferketten (Tausende Vorprodukte) ○ … ○ … ○ …

1. *Wann sind Lieferketten fair gestaltet?* – Sammelt in einem Brainstorming Kennzeichen.
2. Arbeitet die zentralen Elemente des Lieferkettengesetzes heraus. (M 1)
3. a. Sammelt weitere Argumente für bzw. gegen das Lieferkettengesetz. (M 2)

   b. Erörtert die Vor- und Nachteile des Lieferkettengesetzes.
4. *Faire Lieferketten – statt auf Gesetze sollte man besser auf freiwillige Selbstverpflichtungen der Unternehmen setzen.* Diskutiert diese These.

978-3-589-16953-5 | Jonas Rau | Themenhefte Sekundarstufe – Globalisierung in Wirtschaft und Politik

Pariser Klimaabkommen – lässt sich das 1,5°C-Ziel erreichen?

M 1 Pariser Klimaabkommen

Das P. wurde auf der UN-Klimakonferenz in Paris 2015 beschlossen [...]; es bietet einen Rahmen für eine wirklich globale Klimapolitik und zielt auf die Zeit nach 2020 [...]. Die in Artikel 2 des Abkommens festgelegten Hauptziele sind: Beschränkung des Anstiegs der weltweiten Durchschnittstemperatur unter 1,5°C bzw. 2°C gegenüber vorindustriellen Werten; Senkung der Emissionen, Anpassungen an den Klimawandel und Lenkung von Finanzmitteln im Einklang mit Klimaschutzzielen und Stärkung der Widerstandsfähigkeit gegen die Folgen des Klimawandels. Im Gegensatz zum [früheren] Kyoto-Protokoll enthält das P. Verpflichtungen für alle Vertragsparteien [...]. Alle Vertragsparteien müssen nationale Klimaschutzpläne [...] erarbeiten und umsetzen. [...] Dabei sollen vor allem Entwicklungsländer beim Klimaschutz unterstützt werden. Bis 2025 beabsichtigen die Industrieländer jährlich 100 Mrd. US-Dollar für Klimaschutzmaßnahmen aufzubringen. Darüber hinaus ist im Rahmen des P. eine globale Bestandsaufnahme vorgesehen, welche [...] für Überprüfung und Anpassungen der [nationalen Zielvorgaben] genutzt werden soll [...].

https://www.bpb.de/kurz-knapp/lexika/das-europalexikon/309438/pariser-klimaabkommen/

M 2 Prognose zum Anstieg der globalen Durchschnittstemperatur bis 2100

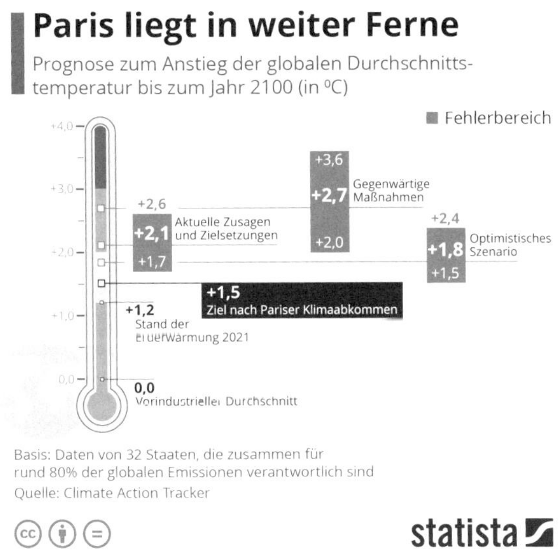

Statista 2023; Quelle: Climate Action Tracker

M 3 Einflussfaktoren auf die Entwicklung der Erderwärmung

Konsumverzicht – grünes Wachstum – wachsende Mittelschichten in Schwellenländern – gesellschaftlicher Druck der Öffentlichkeit – Entwicklung neuer, klimaneutraler Technologien – Wirtschaftswachstum – Bevölkerungswachstum – Fleischkonsum – fehlende Rechtsverbindlichkeit des Abkommens – steigendes Umweltbewusstsein – Energiewende – Verbrennung fossiler Energieträger – ...

1. Arbeitet die zentralen Merkmale des Pariser Klimaabkommens heraus. (M 1)
2. a. Sammelt weitere Einflussfaktoren auf die Entwicklung der Erderwärmung. (M 3)
   b. Erörtert ausgehend von M 1 bis M 3, ob sich durch das Pariser Klimaabkommen der Temperaturanstieg auf 1,5°C begrenzen lässt.

978-3-589-16953-5 | Jonas Rau | Themenhefte Sekundarstufe – Globalisierung in Wirtschaft und Politik

Klimaschutz durch Klimafonds – tun wir zu wenig? (I)

M 1 Anpassung an den Klimawandel – wer soll die Kosten tragen?

Entwicklungsländer sind von den Folgen des globalen Temperaturanstiegs besonders stark betroffen. Zugleich verursachen die Entwicklungsländer nur einen Bruchteil der globalen Treibhausgas-Emissionen, die maßgeblich für den menschengemachten Klimawandel verantwortlich sind. Vor diesem Hintergrund ...

a) sollten Industrieländer die Entwicklungsländer bei der Anpassung an den Klimawandel finanziell unterstützen.

b) sollten Schwellenländer wie China oder Indien – die größten Emittenten von Treibhausgasen – Entwicklungsländer bei der Anpassung an den Klimawandel finanziell unterstützen.

c) sind alle Staaten gleichermaßen gefordert, ihren finanziellen Beitrag zur Anpassung an die Klimafolgen zu leisten.

M 2 Klimafinanzierung: Grüner Klimafonds

[Zur Erreichung der Ziele des Pariser Klimaabkommens] gilt es, insbesondere die Treibhausgas-Emissionen zu reduzieren und fossile Energiequellen durch nachhaltige, kohlenstoffarme Systeme zu ersetzen. Für eine erfolgreiche Dekarbonisierung braucht es jedoch die entsprechenden Investitionen in neue kohlenstoffneutrale **Technologien**.

Allerdings sind Entwicklungs- und Schwellenländer kaum in der Lage, die Klimaziele und Anpassungen aus eigener Kraft zu stemmen. Auf dem Weg zur erfolgreichen Transformation spielt die **Klimafinanzierung daher eine wichtige Rolle**, denn sie stattet die entsprechenden Nationen mit den benötigten Mitteln aus. [...]

Der **Green Climate Fund** (GFC, dt. Grüner Klimafonds) ist eines der Hauptinstrumente der internationalen Klimafinanzierung. Er wurde 2010 auf der Klimakonferenz von Cancún von 194 Staaten ins Leben gerufen und dient der Förderung von Minderungs- und Anpassungsmaßnahmen in Entwicklungs- und Schwellenländern. Der GFC bündelt dabei Zuschüsse, Kredite, Garantien und Eigenkapital und stellt sie Projekten zur Verfügung, welche eine kohlenstoffarme Wirtschaftsentwicklung anvisieren. [...]

https://www.fes.de/wissen/klimafinanzierung (26.06.2023)

1. „Anpassung an den Klimawandel – wer soll die Kosten tragen?" (M 1) Nehmt spontan Stellung zu den Vorschlägen a bis c.
2. a. Beschreibt den Grünen Klimafonds. (M 2)

   b. Recherchiert arbeitsteilig verschiedene Praxisbeispiele für Projekte, die durch den Klimafonds finanziert werden.

   c. Präsentiert und diskutiert diese Praxisbeispiele in der Klasse.

978-3-589-16953-5 | Jonas Rau | Themenhefte Sekundarstufe – Globalisierung in Wirtschaft und Politik

Klimaschutz durch Klimafonds – tun wir zu wenig? (II)

M 1 „Die heiße Phase“

Die heiße Phase

Burkhard Mohr

M 2 Mögliche Positionen zum Grünen Klimafonds

- *Das hat was von Ablasshandel: Die reichen Staaten kaufen sich von ihren Sünden, der jahrzehntelangen Missachtung des Klimaschutzes, frei.*
- *Nur mithilfe dieser Unterstützung können sich Entwicklungsländer Klimaschutzmaßnahmen etc. leisten.*
- *Die Entwicklungsländer haben am wenigsten zum Klimawandel beigetragen, deshalb erscheint eine Entschädigung angemessen.*
- *Für den Klimafonds existiert kein verbindlicher Schlüssel, welches Land wie viel einzahlen muss – somit sind die Entwicklungsländer von der Freiwilligkeit der Industriestaaten abhängig.*
- *Niemand prüft, ob die Projekte, die aus dem Klimaschutz finanziert werden, auch effektiv wirken.*
- ...

1. Erläutert die Aussage der Karikatur M 1.
2. Bewertet den Grünen Klimafonds ausgehend von den Materialien M 1 bis M 2.
3. *Die Industrieländer müssten noch viel mehr zur tun, um die Entwicklungsländer bei der Anpassung an den Klimawandel zu unterstützen.* Diskutiert diese These.

978-3-589-16953-5 | Jonas Rau | Themenhefte Sekundarstufe – Globalisierung in Wirtschaft und Politik

Digitalisierung – (wie) kann sie fair gestaltet werden?

M 1 Der digitale Handel und die Digitalwirtschaft ...

- *bieten gerade für Entwicklungsländer mit ihren jungen Bevölkerungen große Wachstumschancen.*
- *werden von globalen Technologiekonzernen wie Amazon und Co. beherrscht – da können Unternehmen aus Entwicklungsländern nicht mithalten.*

M 2 Regionale Anteile am Handel mit digitalen Gütern

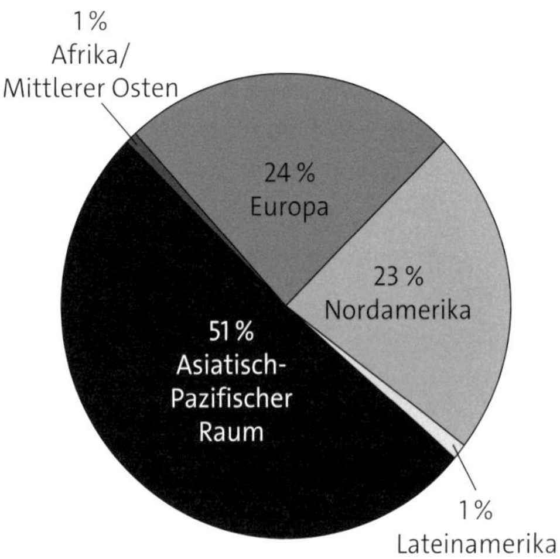

Cornelsen/Compuscript; Datenquelle: UNCTAD (2017): Rising Product Digitalisation and Losing Trade Competitiveness. E-Marketers; Paypers; ACAPTURE (2015)-various country reports.

M 3 Bausteine für eine faire Digitalisierung

(1) Digitale Kluft schließen mittels öffentlicher Infrastruktur	(2) Digitale Monopole kontrollieren und regulieren	(3) Handelspolitische Spielräume erweitern
(4) Nationale und regionale Plattformen fördern	(5) Genossenschaftliche Plattformen schaffen (z. B. für Mitfahrgelegenheiten)	(6) Digitale Zentren breiter denken
(7) Bildungspolitik öffnen und gestalten	(8) Sozialpolitik international denken	(9) Kleine und mittelständische Unternehmen vor Ort unterstützen

Thomas Fritz, Sven Hilbig, Brot für die Welt, Evangelisches Werk für Diakonie und Entwicklung e.V.

1. Nehmt spontan Stellung zu den Thesen in M 1.
2. Analysiert die Grafik M 2.
3. Recherchiert in der angegebenen Studie „Gerechtigkeit 4.0“ arbeitsteilig zu den Bausteinen für eine faire Digitalisierung und stellt eure Ergebnisse vor. (M 3)

   https://www.brot-fuer-die-welt.de/fileadmin/mediapool/blogs/Hilbig_Sven/gerechtigkeit_4.0.pdf

4. Diskutiert, ob bzw. wie die Digitalisierung fair gestaltet werden kann.

978-3-589-16953-5 | Jonas Rau | Themenhefte Sekundarstufe – Globalisierung in Wirtschaft und Politik

Multinationale Unternehmen – wirkt die globale Mindeststeuer?

M 1 Unternehmensbesteuerung im internationalen Vergleich (2021)

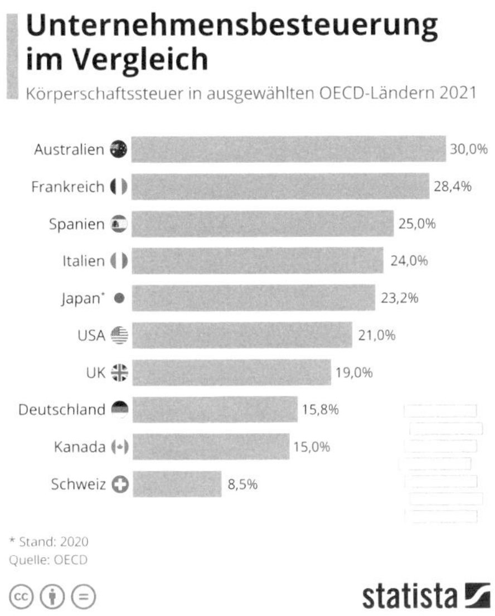

Statista 2023; Quelle: OECD

Kapitalgesellschaften, in Deutschland bspw. Aktiengesellschaften oder GmbHs, zahlen auf ihre Einkommen bzw. Gewinne die so genannte Körperschaftssteuer. Die Höhe der Körperschaftssteuer stellt für Unternehmen einen Faktor dar, der bei Investitionen in die Standortentscheidung einbezogen wird – neben vielen weiteren Standortfaktoren (z. B. Infrastruktur, Arbeitskräfteangebot etc.).

M 2 Globale Mindeststeuer für Großkonzerne

Im Jahr 2021 beschlossen die OECD und die G20 eine globale Mindeststeuer für Großkonzerne, die ab 2023 greifen soll. 136 Staaten haben bislang bekundet, sich an der Neuregelung zu beteiligen. Die globale Mindeststeuer beruht auf zwei Pfeilern: (1) Mindestbesteuerung in Höhe von 15 % für Großkonzerne ab 750 Mio. Dollar Jahresumsatz; (2) Die Unternehmen sollen dort Steuern zahlen, wo sie auch tatsächlich Gewinne erwirtschaften; dies betrifft v. a. große Digitalkonzerne, die bislang davon profitierten, dass sie bspw. Erträge aus Software-Lizenzen in Ländern mit niedrigem Steuersatz versteuerten. Diese Neuregelung soll für Unternehmen mit mindestens 20 Mrd. Dollar Umsatz und einer Rentabilität größer 10 % gelten.

M 3 Globale Mindeststeuer – Stärken und Schwächen

Stärken	Schwächen
○ Mehreinnahmen für die Staatshaushalte	○ nur sehr wenige Unternehmen erfasst
○ Vorteil für den Mittelstand, der keine Chance auf Steuervermeidung hat	○ Freiwilligkeit der globalen Mindestbesteuerung (Nicht-Erfassung mancher Steueroasen)
○ ...	○ ...

1. a. Analysiert die Unternehmensbesteuerung im OECD-Vergleich 2021. (M 1)
   b. Begründet, weshalb Unternehmenssteuern ein Standortfaktor sind. (M 1)
2. a. Charakterisiert die globale Mindeststeuer für Großunternehmen. (M 2)
   b. Erörtert, ausgehend von M 3, Stärken und Schwächen der globalen Mindeststeuer für Großunternehmen.

978-3-589-16953-5 | Jonas Rau | Themenhefte Sekundarstufe – Globalisierung in Wirtschaft und Politik

6 | Globalisierung – Bilanz und Zukunft

ZUM THEMA

Wie fällt die bisherige Bilanz der Globalisierung aus? Und, vielleicht noch interessanter, wie sieht ihre Zukunft aus? Diesen Fragen widmet sich das sechste und letzte Kapitel dieses Bandes.

Bei der Frage nach den Profiteuren der Globalisierung scheiden sich teilweise die Geister. Während Kritiker bemängeln, der Globalisierungsprozess bevorzuge die ohnehin wohlhabenden Industrieländer und zementiere deren Vormachtstellung, verweisen andere Beobachter/-innen auf den globalisierungsbedingten rasanten Aufstieg von Schwellenländern wie China; auch habe sich die Armut weltweit reduziert. Wenngleich die Befunde zum Teil uneindeutig ausfallen, so zeigt sich wohl, dass Industrieländer tendenziell am stärksten profitiert haben – bei gleichzeitig wachsender Ungleichheit innerhalb dieser Staaten.

Ebenso kontrovers diskutiert wird die Frage nach einer (künftig) einsetzenden De-Globalisierung. Wenngleich sich die Krisensymptome häufen – exemplarisch genannt seien: „America first"-Politik, Brexit, Scheitern von TTIP, Handelskriege und weitere protektionistische Tendenzen –, bleibt offen, ob der Globalisierungsprozess wirklich rückwärts schreitet (bzw. aufgrund der globalen Interdependenzen überhaupt rückwärts schreiten kann). In diesem Kontext erzeugt auch der Einfluss der Digitalisierung eine gewisse Ambivalenz: Einerseits lässt sich argumentieren, sie führe tendenziell zu einer De-Globalisierung; andererseits könnten digitale Logistiksysteme und die steigende Bedeutung des Dienstleistungshandels auch zu einer Re-Globalisierung führen.

Das auf den Ökonomen Dani Rodrick zurückgehende Trilemma der Globalisierung stellt als These in den Raum, dass sich die drei von vielen Staaten angestrebten Ziele – Hyperglobalisierung, nationale Selbstbestimmung, Demokratie – nicht auf einmal realisieren lassen.

DIDAKTISCHE HINWEISE

Die **KV 44 und 45** können doppelseitig eingesetzt werden. Nach Analyse von M 2 (KV 44) versuchen die Schülerinnen und Schüler die Befunde zu erklären. Die Analyse von M 1 auf KV 45 wird erleichtert durch den Begleittext. Anschließend erläutern die Schülerinnen und Schüler soziale und politische Folgen der globalisierungsbedingt gestiegenen Ungleichheit in Industrieländern und diskutieren abschließend die Leitfrage der KV.

Die **KV 46** nimmt die Krise der Globalisierung und die Frage nach einer möglichen De-Globalisierung in den Blick. Zunächst recherchieren die Schülerinnen und Schüler zu den Trends und Ereignissen in M 1, stellen diese vor und erklären sie mithilfe passender Ursachen aus M 2. Zum Abschluss diskutieren sie die Leitfrage.

Mit dem Trilemma der Globalisierung widmet sich die **KV 47** einer recht speziellen Thematik. Nach einer Klärung von Rodricks Theorem (M 1) ordnen die Schülerinnen und Schüler verschiedene Beispiele den passenden Zielkombinationen zu. Interessant erscheint die trilemmatypische Diskussion, auf welches der drei Ziele man im Zweifel verzichten sollte.

Doppelseitig konzipiert sind wiederum die **KV 48 und 49**. Aus M 1 (KV 48) arbeiten die Schülerinnen und Schüler Auswirkungen von Globalisierung und Digitalisierung heraus. Die KV 49 liefert über die Betrachtung des globalen Dienstleistungshandels (M 1 und 2) weitere Impulse für die abschließende Diskussion der Leitfrage.

Wer profitiert von der Globalisierung? (I)

M 1 Wen bevorzugt der Globalisierungsprozess?

- ○ Industrieländer (z. B. Deutschland, USA)
- ○ Schwellenländer (z. B. China, Indien)
- ○ Entwicklungsländer (z. B. Äthiopien, Senegal)
- ○ Multinationale Konzerne (z. B. Apple, Volkswagen)
- ○ ...

M 2 Platzierung im Ländervergleich

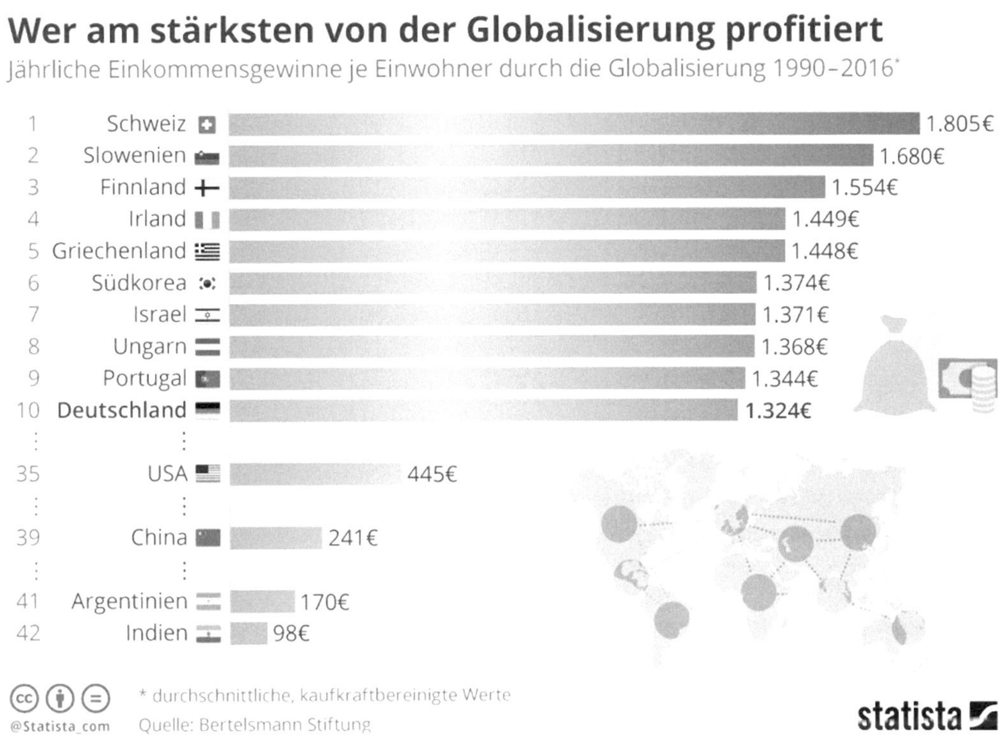

Statista 2023; Quelle: Bertelsmann Stiftung

1. Begründet, wer eurer Meinung nach am stärksten von der Globalisierung profitiert. Diskutiert eure Einschätzungen.
2. a. Analysiert die Grafik M 2.

   b. Überlegt, wie sich die Platzierungen in M 2 erklären lassen könnten.

978-3-589-16953-5 | Jonas Rau | Themenhefte Sekundarstufe – Globalisierung in Wirtschaft und Politik

Wer profitiert von der Globalisierung? (II)

M 1 Der „elephant`s graph“ – die Kurve, die alles erklärt (?)

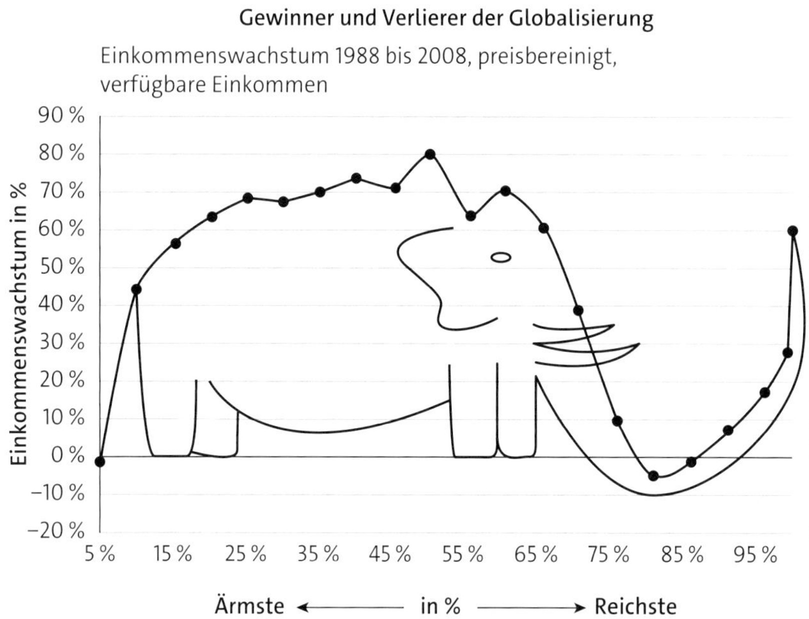

Cornelsen/Compuscript; Datenquelle: Milanović, Branko: *Die ungleiche Welt. Migration, das eine Prozent und die Zukunft der Mittelschicht.* Berlin: Suhrkamp, 2016.

Die Grafik zeigt [...] die kumulierte Entwicklung der Realeinkommen der Weltbevölkerung von 1988 bis 2008 [...], unterteilt in [...] Einkommensgruppen in Prozentschritten. Ganz links das unterste Perzentil, die Ärmsten der Armen, ganz rechts die Wohlhabenden dieser Welt, und mit großen Schwüngen nach oben und unten, die breite Mitte, die in den ärmeren Ländern weiter links, die in den reicheren weiter rechts. [...]

[Aus] der Kurve geht unzweideutig hervor, dass [die Globalisierung] Gewinner geschaffen hat. Es sind vor allem die in den Perzentilen von 20 bis 70, mit einem klaren Vorsprung ziemlich in der Mitte. Das sind die neuen Mittelschichten in Ländern wie China, Indien, Brasilien [...]. Selbst viele Arme, allerdings kaum die Ärmsten, haben steigende Realeinkommen gehabt, die Globalisierung hat insgesamt die Ungleichheit in der Welt verringert, auch wenn die alte westliche Welt noch immer den reichen Teil alleine ausmacht.

[...] Die Einkommen in den Industriestaaten beginnen etwa ab dem Perzentil 70 und liegen meist zwischen den Punkten 80 und 95. Dort finden sich die Verlierer der Globalisierung [...]. Es sind vor allem die normalen Angestellten und Arbeiter in den klassischen Industriestaaten. [...] Während die Ungleichheit global zurückging, stieg sie in diesen Ländern stark. [...]

Den bisweilen sinkenden [...] Realeinkommen der Gering- und Mittelverdiener in den Industriestaaten [...] stehen massive Zuwächse der Realeinkommen der Reichen gegenüber [...].

Albert Funk, Gewinner und Verlierer der Globalisierung – Die Kurve, die alles erklärt, in: Tagesspiegel vom 06.09.2016 (https://www.tagesspiegel.de/politik/die-kurve-die-alles-erklart-3753757.html)

1. Analysiert den so genannten „elefant`s graph“. (M 1)
2. Die Ungleichheit in den Industriestaaten hat zugenommen (vgl. M 1). Erläutert mögliche soziale und politische Folgen dieser Entwicklung (z. B. Populismus).
3. Wer profitiert von der Globalisierung? Diskutiert abschließend diese Frage.

978-3-589-16953-5 | Jonas Rau | Themenhefte Sekundarstufe – Globalisierung in Wirtschaft und Politik

Krise der Globalisierung – beginnt eine De-Globalisierung?

Seit der Finanz- und Wirtschaftskrise 2008/09 haben weltweit protektionistische Tendenzen zugenommen, während die weitere Liberalisierung des globalen Handels eher ins Stocken geraten ist. Manche beobachten gar bereits den Trend hin zu einer De-Globalisierung. Warum verzichten Staaten auf Effizienzgewinne, welche die Globalisierung bescheren könnte?

M 1 Globalisierungskrise: Trends und Ereignisse

- **„America first“** (zentraler Slogan des späteren US-Präsidenten Donald Trump im Wahlkampf 2016)
- **Brexit** (Austritt Großbritanniens aus der EU 2020)
- **„Made in China 2025“** (chinesische Innovationsstrategie zur Stärkung der heimischen Industrie, v. a. des Hightech-Sektors, Ziele: Anteil chinesischer Produzenten von wichtigen Werkstoffen auf mind. 70 % steigern, Abhängigkeit von Importen verringern)
- **Scheitern von TTIP** (Transatlantic Trade and Investment Partnership, geplantes Freihandelsabkommen zwischen USA und EU)
- **„Friendshoring“** (Handel v. a. mit politisch verbündeten Staaten)
- **Re-Shoring** (Rückverlagerung von Produktionsstätten ins Inland)
- **Handelskriege** (z. B. Chip-Krieg USA – China)
- …

M 2 Ursachen der Globalisierungskrise

- Coronapandemie (Störung von Lieferketten usw.)
- Ukrainekrieg (Sanktionen, Energiepreissteigerungen usw.)
- Steigender Druck auf nationale Arbeitsmärkte durch internationale Konkurrenz (v. a. auf gering qualifizierte Arbeitnehmer; Arbeitslosigkeit, sinkende Löhne)
- Aufstieg rechtspopulistischer, globalisierungskritischer Parteien in vielen Ländern
- Globalisierung aus Sicht des Globalen Südens oft als ungerecht empfunden (Vorteile für den Globalen Norden zulasten der Entwicklungsländer; Industrieländer lebten auf Kosten der Entwicklungsländer)
- Trilemma der Globalisierung (These: Von den drei Zielen Hyperglobalisierung, Demokratie und nationale Selbstbestimmung ließen sich immer nur zwei verwirklichen.)
- Kritik an der mangelnden sozialen und ökologischen Nachhaltigkeit der Globalisierung
- …

1. a. Recherchiert zu den in M 1 aufgeführten Trends und Ereignissen.

   b. Stellt eure Rechercheergebnisse in einem Kurzvortrag der Klasse vor.

2. Erklärt die Trends und Ereignisse in M 1 mithilfe passender Ursachen aus M 2.

3. Stehen wir – nach ca. 30 Jahren Siegeszug der Globalisierung – am Beginn einer De-Globalisierung? Diskutiert diese Frage.

978-3-589-16953-5 | Jonas Rau | Themenhefte Sekundarstufe – Globalisierung in Wirtschaft und Politik

Das Trilemma der Globalisierung

M 1 Das Trilemma der Globalisierung

Hyperglobalisierung, nationale Selbstbestimmung und Demokratie gelten für viele Staaten als erstrebenswerte Ziele, nach dem Motto „all in one". Der Ökonom Dani Rodrick[1] argumentiert aber, dass nur zwei dieser Ziele gleichzeitig erreichbar sind.

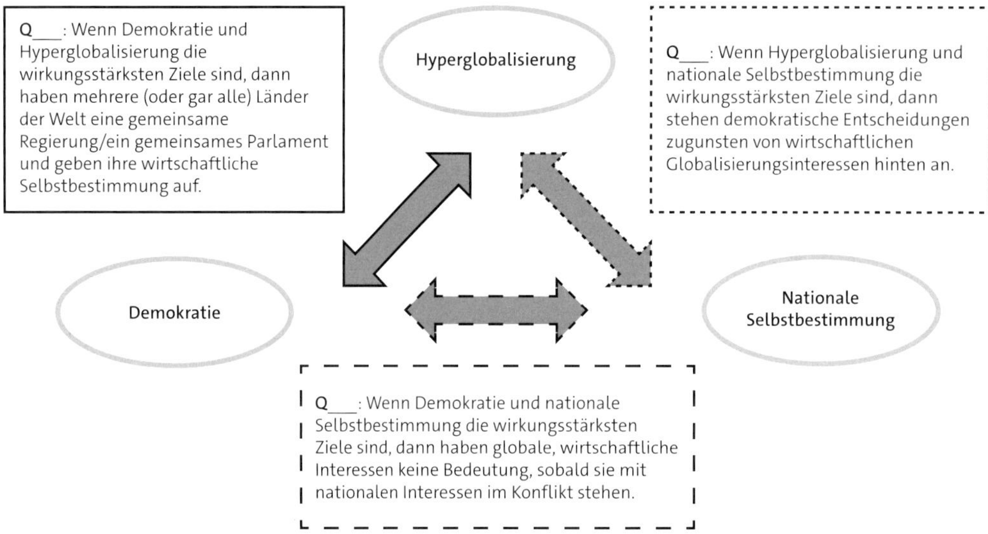

Cornelsen/Compuscript

Q 1: Die EU steht mit ihren offenen Binnengrenzen und Wahlen zum Europäischen Parlament für diese Richtung. In zahlreichen Bereichen (z. B. Handelspolitik) haben die Mitgliedsländer ihre Selbstständigkeit aufgegeben, was immer wieder zu kontroversen Diskussionen führt. Aber auch die Frage nach Ausmaß und Qualität der Demokratie auf EU-Ebene wird unterschiedlich beurteilt.	**Q 2:** Dieses Modell war vorherrschend in den Jahrzehnten nach dem Zweiten Weltkrieg und vor der Hyperglobalisierung. In dieser Zeit gab es auch internationale Wirtschaftsbeziehungen, aber diese setzten die Staaten nicht unter Druck, ihre Gesetze an globale Spielregeln anzupassen, wie das in der Hyperglobalisierung passierte.	**Q 3:** In der Zeit der ersten Globalisierung (1870 – 1914) war diese Kombination in vielen Ländern weit verbreitet. Die nationalen Regierungen gestalteten ihre Volkswirtschaften nicht nach dem Willen der Bürger/-innen, sondern nach den Notwendigkeiten einer globalisierten Wirtschaft.

Heidrun Edlinger, in: Globalisierung am Limit, Themenblätter im Unterricht Nr. 133, hrsg. von der Bundeszentrale für politische Bildung (01/2023), https://www.bpb.de/system/files/dokument_pdf/bpb_TB_133_Globalisierung_BF.pdf, Arbeitsblatt 3, Seite 11

1. Ordnet die Beispiele Q 1 bis Q 3 der jeweiligen Kombination zweier Ziele zu. (M 1)
2. Auf welches Ziel sollte man verzichten? Diskutiert die Vor- und Nachteile der paarweise verbundenen Ziele.

[1] Rodrik, D. (2011). Das Globalisierungs-Paradox: die Demokratie und die Zukunft der Weltwirtschaft. Deutschland: Beck.

978-3-589-16953-5 | Jonas Rau | Themenhefte Sekundarstufe – Globalisierung in Wirtschaft und Politik

De- oder Re-Globalisierung durch Digitalisierung? (I)

Technologische Innovationen gelten als ein wichtiger Treiber der Globalisierung nach 1990. Könnte die Digitalisierung jedoch in Zukunft auch einen Gegentrend bewirken?

M 1 Zukünftige Auswirkungen von Globalisierung und Digitalisierung

Globalisierung und Digitalisierung werden aller Voraussicht nach auch zukünftig weiter voranschreiten. [Es] ist [...] nicht unwahrscheinlich, dass die gegenseitige Verstärkung von Globalisierung und Digitalisierung mindestens drei zentrale Konsequenzen hat:

Erstens wird die Bedeutung von Technologien und Kapital für die Produktion weiter zunehmen, während die Rolle des Produktionsfaktors Arbeit immer geringer wird. [...] Anders als bisher wird der Ersatz menschlicher Arbeitskräfte nicht mehr vorrangig die Produktion von Sachgütern betreffen, sondern zunehmend auch die Bereitstellung von Dienstleistungen. Darüber hinaus wird sich die sinkende Nachfrage nach Arbeitskräften nicht mehr auf die Industrieländer beschränken, sondern weltweit stattfinden. Zudem wird die Ersetzung von Arbeitskräften durch Maschinen und Technologien in zunehmendem Maße auch hoch qualifizierte Erwerbstätige treffen. [...]

Zweitens ist zu erwarten, dass der Trend des „Outsourcing“ nachlässt, denn wenn Arbeit zunehmend durch Kapital und Technik ersetzt wird, verliert eine Produktionsverlagerung in Niedriglohnländer ihren Reiz. Stattdessen kommt es zu einem „Insourcing“ bzw. zu einer Re-Lokalisierung [...], d. h., die Produktion findet wieder dichter am Absatzmarkt statt, weil dadurch Transportkosten eingespart werden können. [...]

Drittens wird sich das Verhältnis von Produzenten und Konsumenten verändern. Das Internet macht es möglich, dass die Konsumenten an der Wertschöpfung beteiligt werden, indem sie Produkte mitgestalten und teilweise sogar deren Herstellung übernehmen. Hierzu gehör[t] zum Beispiel [...] die Herstellung von Konsumprodukten mithilfe eines 3D-Druckers. Unternehmen können Kunden zudem auch in betriebliche Innovationsprozesse einbinden, etwa durch einen offenen Aufruf des Unternehmens an seine Kunden, sich an der Suche nach neuen Produktideen zu beteiligen (Open-Innovation-Konzept). Aus dem Konsumenten wird somit ein Co-Produzent bzw. ein „Prosument“ [...]. Die aktive Beteiligung der Kunden an der Herstellung von Gütern reduziert die Nachfrage nach Erwerbsarbeit und hat somit einen zusätzlichen Rückgang der Arbeitsnachfrage und der Lohnhöhe zur Folge [...]

Thieß Petersen, Globalisierung, Digitalisierung und Einkommensungleichheit, Policy Brief #2015/01, hrsg. von der Bertelsmann Stiftung (https://www.bertelsmann-stiftung.de/fileadmin/files/user_upload/Policy-Brief-Globalisierung_Digitalisierung_und_Einkommensungleichheit-de_NW_01_2015.pdf,Seite 4 f.

1. Begründet spontan, ob die zunehmende Digitalisierung eher zu einer De- oder Re-Globalisierung führt.
2. Arbeitet heraus, welche zukünftigen Auswirkungen von Globalisierung und Digitalisierung in M 1 skizziert werden.
3. Digitale Technologien in der Logistik führen zu einer weiteren Zergliederung der globalen Produktion. Begründet, wie sich dies auf die Globalisierung auswirken könnte.

978-3-589-16953-5 | Jonas Rau | Themenhefte Sekundarstufe – Globalisierung in Wirtschaft und Politik

De- oder Re-Globalisierung durch Digitalisierung? (II)

M 1 Entwicklung der weltweiten Exporte von Dienstleistungen im Zeitraum 2005 bis 2022 (in Millionen US-Dollar)

Statista 2023; Quelle: UNCTAD

M 2 Die Zukunft des globalen Handels

Die entscheidendste Änderung dürfte jedoch die zunehmende Bedeutung des Dienstleistungshandels sein. [...]

Dieses dynamische Wachstum des Dienstleistungshandels wird langfristig anhalten. Denn die Dynamik im Dienstleistungshandel spiegelt zuallererst den globalen Strukturwandel hin zur Dienstleistungsgesellschaft wider. [...]

Technologische Veränderungen treiben das Wachstum des internationalen Dienstleistungshandels besonders stark. Durch die zunehmende Digitalisierung des Wirtschaftslebens entstehen neue Geschäftsfelder und bestehende Digitaldienstleistungen verzeichnen einen erhöhten Austausch. [...] Spezialanwendungen im weiten Anwendungsfeld der künstlichen Intelligenz werden dem Handel mit Digitaldienstleistungen weiteren Schub verleihen.

https://www.bmwk.de/Redaktion/DE/Downloads/Monatsbericht/Monatsbericht-Themen/2021/2021-01-die-zukunft-des-globalen-handels.pdf?__blob=publicationFile&v=1, Seite 30

1. Analysiert die Grafik M 1.
2. Sammelt Beispiele für den globalen Dienstleistungshandel. (M 2)
3. De- oder Re-Globalisierung durch Digitalisierung? Diskutiert diese Frage.

978-3-589-16953-5 | Jonas Rau | Themenhefte Sekundarstufe – Globalisierung in Wirtschaft und Politik

Lösungen

KV 2: Nr. 2: Der starke Anstieg der Warenproduktion (+ 769 %) wird nochmals deutlich übertroffen vom extrem starken Anstieg der Warenexporte (+ 1973 %), was auf einen intensivierten globalen Warenaustausch hindeutet. **Nr. 3a:** (3) Ende des Kalten Krieges; Marktöffnung von Russland, Osteuropa, China plus weiterer (Schwellen-)Länder; Entstehen riesiger neuer Märkte, intensiverer Austausch von Gütern; (4) etwas verlangsamte Dynamik der Globalisierung.

KV 4: Nr. 1b: Produktlebenszyklus-Theorie / Faktorproportionentheorie. **Nr. 2:** *Vorteile*: Nutzung komparativer Kostenvorteile – günstigere Medikamente; Schaffung von Arbeitsplätzen, mehr Wachstum und Wohlstand in Schwellenländern; *Nachteile*: einseitige Abhängigkeiten – u. U. Nicht-Verfügbarkeit essenzieller Arzneimittel; ggf. Drohpotenzial und Erpressbarkeit bei Bezug von Medikamenten aus unsicheren Weltregionen (Stichwort: „Handelskriege").

KV 5: Nr. 1: (1) inländische Produktionsmenge; Inlandspreis IP; (2) der Weltmarktpreis WP (synonym: Welthandelspreis); WP, inländische; Importmenge; (3) Weltmarktpreis; inländische; Produzenten; Konsumenten; des Zolls.

KV 7: Nr. 2a: Walmart, Amazon, State Grid, China National Petroleum, Sinopec, Saudi Aramco, Apple, Volkswagen, China State Construction Engineering, CVS Health.

KV 9: Nr. 2: *Für eine Deindustrialisierung könnten sprechen*: Abwanderung energieintensiver (Industrie-)Produktion wegen hoher Energiepreise; starke chinesische Konkurrenz in der Automobilindustrie und im Maschinenbau; *gegen eine Deindustrialisierung sprechen*: BIP-Wachstum selbst unter extrem hohen Energiepreisen 2022; Wettbewerbsfähigkeit kann durch Anpassung verbessert werden.

KV 10: Nr. 1b: Herrenknecht - Tunnelvortriebsmaschinen; Ottobock SE und Co. KG - Orthopädietechnik (Prothesen etc.); Karl Storz SE und Co. KG - Medizintechnik (Endoskope etc.); Wilo SE – Pumpensysteme; EBM-Papst-Gruppe - Lüfter-, Gebläse- und Ventilatorentechnik; Deutsche Telekom AG - Telekommunikation (v. a. Fest- und Mobilfunknetze); Adidas AG – Sportartikel; BASF SE - Chemische Industrie; E. ON SE – Energieversorgung; Porsche AG – Kraftfahrzeuge.

KV 11: Nr. 2: Anm.: Hier spielen, über die Aspekte in M 1 hinaus, zahlreiche Faktoren wie Branche, individuelle Unternehmensstruktur, Grad der internationalen Vernetzung etc. eine wichtige Rolle.

KV 12: Nr. 3: Die künftige weltwirtschaftliche Bedeutung der BRICS-Staaten ist schwer zu prognostizieren. Hierbei spielen zahlreiche, insbesondere auch politische Faktoren eine Rolle. Kommt es infolge des russischen Angriffskrieges auf die Ukraine zu einer Art neuen Blockbildung? Hält die Dominanz der USA (Leitwährung US-Dollar) weiter an? Wie entwickelt sich China (Bsp. Taiwan-Frage)? Wie viele Staaten schließen sich BRICS an? Bilden sich neue Freihandelszonen/-abkommen? ...

KV 13: Nr. 3: Die künftige weltwirtschaftliche Bedeutung der G7-Staaten ist ebenfalls schwer zu prognostizieren. Hierbei spielen zahlreiche, insbesondere auch politische Faktoren, eine Rolle. Kommt es infolge des russischen Angriffskrieges auf die Ukraine zu einer Art neuen Blockbildung West vs. Ost? Hält die Dominanz der USA (Leitwährung US-Dollar) weiter an? Wie wettbewerbsfähig sind die Unternehmen aus den G7-Staaten? Wie entwickeln sich die Schwellenländer (u. a. BRICS)? Werden neue Freihandelsabkommen geschlossen (vgl. Scheitern von TTIP)? ...

KV 14: Nr. 3: *Chancen*: gute Wachstumsprognosen (vgl. M 1); ADIs, vor allem aus China (u. a. in die Infrastruktur); *Risiken*: starke Abhängigkeit von China; naturräumliche Risiken wie Dürren durch Klimawandel weiter verschärft (Hungersnöte).

KV 15: Nr. 1: Im Internet finden sich hierzu zahlreiche Kartendarstellungen. **Nr. 2:** Laut M 2 führt die „Neue Seidenstraße“ direkt ins Maul des gefräßigen chinesischen Drachen, d. h. das Projekt bediene einseitig die Profitgier Chinas und führe für andere beteiligte Staaten ins Verderben. M 3 legt den Fokus auf die Kritik am politischen System Chinas (Autokratie, Einparteienregierung). Während das linke Schild einen, offenbar wegen des erfolgreichen Seidenstraßenprojekts, zufrieden lächelnden Staatspräsidenten Xi Jinping zeigt, weist das rechte Warnschild auf die Risiken für die Demokratie hin.

KV 16: Nr. 2b: Aspekte für die Diskussion: China ist die zweitgrößte Volkswirtschaft der Welt; hohe Wachstumsraten; hohe Kapitalausstattung des Landes; starke High-Tech-Industrie; aber: nach wie vor auch sehr schwach entwickelte Regionen in China und Hunderte Millionen Menschen in Armut.

KV 18: Nr. 3: Das Demokratiedefizit resultiert aus der besonderen „Konstruktion“ der Stimmgewichtung (abhängig vom Kapitalanteil des Landes am Fonds) bzw. der Sperrminoritäten: Wichtige Beschlüsse erfordern mind. 85 % der Stimmen. Die USA verfügen mit einer Kapitalquote von 17,4 % über eine Sperrminorität, d. h., die USA verfügen de facto über eine Vetoposition. (Anm.: Die EU-Staaten als Ganzes haben ebenfalls eine Sperrminorität.)

KV 19: Nr. 2: mögliche Bewertungskriterien: Wirken die SAPs effektiv/effizient, wirtschaftlich und sozial nachhaltig, gemeinwohlverträglich, ...?

KV 20: Nr. 3a: Hier die „dann-Sätze“ in der richtigen Reihenfolge: (1) ... sinkt die Dominanz des US-Dollars und damit das Wechselkursrisiko zum US-Dollar; (2) ... stärkt dies autokratische Regime; (3) ... stärkt dies die finanzielle Unabhängigkeit der BRICS-Staaten sowie armer Länder; (4) ... könnte die Dominanz von Weltbank und IWF zurückgehen. **Nr. 4:** Komplett ersetzen wird die NDB die etablierten Institutionen vermutlich nicht – nicht zuletzt, da bspw. der IWF auch bei Schuldenkrisen europäischer Staaten unterstützt (vgl. Griechenland, Irland). Eine Schwächung der Macht von IWF und Weltbank erscheint allerdings durchaus denkbar, sollten sich bspw. afrikanische Staaten eher Richtung China (und Russland) orientieren.

KV 22: Nr. 3: Eine Freihandelszone schafft „nur“ tarifäre Handelshemmnisse (Zölle) ab; der Binnenmarkt zielt neben dem zusätzlichen Abbau nichttarifärer Handelshemmnisse auf einen gemeinsamen Gütermarkt – Waren, Dienstleistungen, Kapital und Personen können sich in der EU frei bewegen. Es liegt auf der Hand, dass der Handel mit anderen EU-Staaten dadurch weitaus weniger bürokratisch und auch relativ günstiger ist als mit Nicht-EU-Staaten – was nicht heißt, dass sich die EU deshalb nach außen abschottet (vgl. bspw. Deutschland – wichtigster Handelspartner ist China).

KV 24: Nr. 1: China wird die USA als größte Volkswirtschaft der Welt in absehbarer Zeit vermutlich überholen; Stärke asiatischer Unternehmen; demografischer Wandel in westlichen Industrieländern; ... **Nr. 3a:** *Chancen*: Unternehmen können Produktion und Lieferketten weiter diversifizieren; *Risiken*: Unternehmen, die fast nur in die RCEP-Region exportieren, könnten Nachteile erfahren.

KV 25: Nr. 2: China als größter Handelspartner Deutschlands; zahlreiche essenzielle Vorprodukte aus China importiert – bei Lieferausfall stockte die Industrieproduktion in Deutschland **Nr. 4:** *Chancen*: schnellere Verfügbarkeit von Vorprodukten/Gütern; evtl. Vorteile durch regionale Handelsabkommen (zollfreie Einfuhr); *Risiken*: bestimmte Rohstoffe nicht regional verfügbar (Bsp. Seltene Erden); globale Diversifikation kann Resilienz der Lieferketten auch erhöhen.

KV 26: Nr. 2: naturräumlich und klimatisch bedingte Probleme (Klimawandel): Dürren, Desertifikation, Missernten etc.; politische Probleme: (Bürger-)Kriege, schlechte Regierungsführung, Klientelismus etc.

KV 28: Nr. 2: *Chancen*: Afrika mit hohem Potenzial für „grünen Strom“; Export von Strom und anderen Energieträgern (z. B. „grüner Wasserstoff“); *Risiken*: afrikanische

Gasexporte nicht für heimische Industrie/ Industrialisierung genutzt (Entwicklungshemmnis); Gasnachfrage Europas durch Energiewende langfristig rückläufig – Gefahr sog. „stranded assets".

KV 29: Nr. 2: hoher Stellenwert von Chips in technischen Produkten; Megatrend der Digitalisierung ohne Chips undenkbar; Chips auch für militärische Zwecke nutzbar/ notwendig.

KV 30: Nr. 3: vgl. auch Argumente aus der Kontroverse „Freihandel vs. Protektionismus".

KV 32: M 1 bezweifelt die Durchsetzungsfähigkeit bzw. das Drohpotenzial der deutschen China-Strategie. (Die Ansage von Außenministerin Baerbock wirkt angesichts ihrer misslichen Lage fast lächerlich.); M 2 verweist ironisch auf die unterstellte Unmöglichkeit einer stärkeren Entkopplung von China (Bundeskanzler Scholz telefoniert mit chinesischem Smartphone).

KV 33: Nr. 1b: extreme Armut – (a) 10 %; globaler Hunger – (a) 11 %.

KV 35: Nr. 2: Kritisch erscheinen die fehlende Überprüfung und Sanktionierung; evtl. tatsächlich „Bluewashing" denkbar; andererseits kann der UNGC Unternehmen durchaus für CSR sensibilisieren; CSR-Maßnahmen auch auf freiwilliger Basis realisierbar.

KV 36: Nr. 3: *Pro*: schärfere Arbeitsstandards verteuern Produkte kaum (meist geringer Lohnkostenanteil an der Wertschöpfung); viele Konsumenten können höhere Produktpreise leicht bezahlen; *contra*: teurere Produktion und damit teurere Produkte bedeuten geringere Nachfrage; Anm.: vgl. auch Diskussion um Kinderarbeit (Mindestalter, Obergrenze für wöchentliche Arbeitszeit, parallele Angebote zur (Schul-)Bildung etc.).

KV 37: Ein Bergbau-Unternehmen fördert Erz. – Das Bergbau-Unternehmen liefert Erz an ein Unternehmen, welches Stahl herstellt. – Im Stahlwerk wird das Erz eingeschmolzen, daraus stellt das Stahl-Unternehmen Blöcke her, welche zu Blechen gewalzt werden. – Die gewalzten Bleche verkauft das Stahlunternehmen an einen Automobilzulieferer. – Der Automobilzulieferer verarbeitet die Bleche zu einem Karosserieteil weiter. – Der Automobilzulieferer verkauft das Karosserieteil an einen Automobilhersteller. – Der Automobilhersteller verarbeitet das Karosserieteil zusammen mit vielen weiteren Teilen zu einem Auto weiter. – Ein Autohaus kauft das Auto vom Automobilhersteller. – Das Autohaus verkauft das Auto an einen Endkunden.

KV 38: Nr. 3a/b: *Pro*: Nachhaltigkeit als Verkaufsargument (Unternehmensimage); Befürworter lt. Umfragen auch in Unternehmen (einheitliche Standards für alle, gleiche Wettbewerbsbedingungen); *Kontra*: weniger Investitionen in Produktionsstandorte in ärmeren Ländern (vgl. Aufwand der Kontrolle); mächtige Unternehmen könnten Nachweis auf kleinere Zulieferer überwälzen.

KV 39: Nr. 2a: Überschreiten bestimmter Kipppunkte des Klimas (z. B. Abtauen der Permafrostböden, Abschmelzen der Polkappen, Abbruch der Nordatlantischen Oszillation); natürliche Faktoren.

KV 41: Nr. 1: Ironisch überspitzt spielt M 1 auf eine grundlegende Problematik der Klimafinanzierung an: Es dauert bereits lange, sich in der internationalen Staatengemeinschaft auf einen entsprechenden Klimafonds (vgl. Topf) zu einigen. Ist er erst einmal ins Leben gerufen, sind offenbar zu wenige Staaten bereit, ausreichende finanzielle Mittel zur Verfügung zu stellen. Angesichts der gravierenden Folgen des Klimawandels (Erde bereits als quasi unbewohnbar dargestellt) erscheint der Klimafonds hier als untaugliches Instrument, da er zu spät kommt und unterfinanziert ist.
Nr. 2: mögliche Kriterien: Effektivität/Effizienz; ökologische Nachhaltigkeit; Realisierbarkeit und Finanzierbarkeit; ...

KV 43: Nr. 1b: Die (Höhe der) Besteuerung von Unternehmensgewinnen beeinflusst die Ertragssituation eines Unternehmens. Da ein Unternehmen (auch) Gewinne erzielen will, reduzieren hohe Steuern seine Erträge. Günstige steuerliche Bedingungen sind somit ein

Standortfaktor, allerdings nur einer unter vielen. **Nr. 2b:** *Stärken*: Vermeidung eines weltweiten Steuerunterbietungswettbewerbs („Steueroasen"); Steuern verlieren relativ an Gewicht als Standortfaktor; *Schwächen*: Manche Staaten verlieren an Attraktivität (vgl. niedrige Steuern als Standortfaktor).

KV 44: Nr. 2a/b: Gewinner sind mehrheitlich Industrieländer, weniger Schwellenländer; die Platzierung der Schweiz (Nr. 1) liegt u. a. am kleinen Binnenmarkt, durch den sie gewissermaßen zu vermehrtem Außenhandel „gezwungen" ist; die vielleicht überraschend schlechte Platzierung der USA liegt daran, dass das Land schon 1990 ein recht hohes Niveau bezüglich Einkommen und Globalisierungsgrad hatte.

KV 45: Nr. 2: härtere Verteilungskonflikte; steigende soziale Probleme (Armut, Belastung der sozialen Sicherungssysteme etc.); steigende Kriminalität; gesellschaftliche und politische Spaltung; Aufstieg populistischer Parteien; Forderung nach stärkerer Abschottung (Wirtschaft, Migration); ...

KV 47: Nr. 1: Q1 – Hyperglobalisierung und Demokratie; Q2 – nationale Selbstbestimmung und Demokratie; Q3 – nationale Selbstbestimmung und Hyperglobalisierung.

KV 48: Nr. 2: (1) Bedeutungsverschiebung bei den Produktionsfaktoren: Aufwertung der Faktoren Technologie/Kapital zulasten des Faktors Arbeit (sinkende Arbeitsnachfrage auch im tertiären Sektor, weltweit und mit Blick auf hoch qualifizierte Arbeitskräfte); (2) verstärkte(s) „Insourcing" / Re-Lokalisierung statt „Outsourcing"; (3) Bedeutungsverschiebung beim Konsumenten: vom Konsumenten zum Co-Produzenten / „Prosumenten" (Bsp. 3D-Druck – Kunde übernimmt die Herstellung des Konsumproduktes). **Nr. 3:** Digitale Logistiksysteme könnten die Produktion weiter zergliedern in noch kleinere Schritte. Dadurch könnten Produktionsprozesse inkl. Liefer- und Wertschöpfungsketten weltweit noch stärker fragmentiert werden – was zu einer stärkeren Globalisierung führen könnte.

KV 49: Nr. 2: Informations- und Kommunikationstechnologie; B2B (Business-to-Business); Software; Finanzdienstleistungen; Plattformökonomie (z. B. Google, Netflix); ... **Nr. 3:** Es zeigt sich eine gewisse Ambivalenz: Einerseits könnte die Digitalisierung einen Rückgang der Globalisierung bewirken, bspw. wenn ein verstärkter Einsatz von Technologien wie 3D-Druck oder Robotik (Stichwort: Industrie 4.0, vernetzte Produktion) zu einer Rückverlagerung der Produktion ins Inland führt (Hintergrund: geringere Bedeutung des Produktionsfaktors Arbeit, vgl. Arbeitskosten). Der globale Warenhandel könnte in diesem Szenario tatsächlich zurückgehen. Andererseits ermöglichen digitale Logistiksysteme eine noch weitere Fragmentierung der weltweiten Produktion, was die globale wirtschaftliche Verflechtung verstärken könnte. Auch die steigende Bedeutung des Dienstleistungshandels spräche eher für eine Re-Globalisierung als eine De-Globalisierung. Neben dem Einfluss der Digitalisierung (technologische Ursachen) gilt es jedoch auch, politische Faktoren zu beachten: Werden weitere Liberalisierungsschritte unternommen? Bewegt sich die Welt künftig stärker in Richtung Freihandel oder Protektionismus?